我们从哪里来？我们走向何方？中国到了今天，我无时无刻不提醒自己，要有这样一种历史感。

——习近平

摘自习近平总书记在北京会见第二届"读懂中国"国际会议外方代表时的谈话（《人民日报》2016 年 1 月 5 日）

读懂中国

读懂中国丛书

读懂中国丛书

跟我去看中国民主

郑必坚　主编

CIPG | China Foreign Languages Publishing Administration 中国外文出版发行事业局　　外文出版社 FOREIGN LANGUAGES PRESS

总　序

郑必坚

读者面前的这套丛书，有一个总题目，叫作：读懂中国。

为什么要提出"读懂中国"的问题呢？

你看，当今世界发生的变化，可谓天翻地覆，令人目不暇接。最大的变化，莫过于中国。

从20世纪中叶新中国成立以来，特别是最近这40年时间，就使一个多达十三亿多人口的贫穷落后的东方大国，实现了跨越式大发展，迅速成为世界第二大经济体。

人们自然会问：在中国，究竟发生了什么事情？中国快速发展的奥秘究竟是什么？

人们自然也会问：一个正在强起来的中国，和世界怎么相处？

于是乎，问题套问题，疑虑叠疑虑，"中国威胁论""中国崩溃论"，"修昔底德陷阱""中等收入陷阱"，这"论"那"论"，这"陷阱"那"陷阱"，纷纷指向中国。

毫无疑问，中国人应当坚定不移地走自己的路，把自己的事情办好。而这本身就包含着，为了回答人们的关切、问题和疑虑，必须做好一件事："读懂中国"。

为此，由我主持的国家创新与发展战略研究会发起，联合中国人民外交学会，和国际知名智库21世纪理事会合作，在2013年11月和2015年11月先后举办了两届"读懂中国"国际会议。

这两次重要的国际会议，得到了中共中央总书记、国家主席习近平的重视和支持，亲自到会同与会外国嘉宾座谈。国务院总理李克强和副总理张高丽分别出席了第一届和第二届会议，并在会上作了开幕演讲。中共中央和国务院许多部门的领导同志，也到会同来自世界各国的政要和专家学者进行面对面的交流，回答大家提出的问题。

会议取得的成功，给我们的最大启示是：只要直面问题，只要心诚意真，只要实事求是且生动具体地讲好中国故事，讲好中国共产党的故事，讲好中国和世界相处的故事，将大有利于关心中国的人获得新知，怀疑中国的人逐步释惑。

为此，我们设想，把"读懂中国"的国际会议搬到书本上，搬到视频上，搬到网络上，在更大的场合，用更加生动的形式，回答人们的关切、问题和疑虑。

这一设想，不仅得到了有关部门的大力支持，不仅得到了中国外文局和外文出版社的大力支持，而且得到了一批对这些问题有亲身实践经验和较深研究的专家学者和领导同志的大力支持，为丛书撰稿。

这就是读者面前这套丛书的由来。现在编辑出版的还只是这套丛书的第一辑，以后还会有第二辑、第三辑以至更多的好书问世；现在这一辑主要是中国作者的作品，以后还会有其他国家作者的作品。

不仅是丛书，以后还会有配套的电视专题片和网络视频，陆陆续续奉献给大家。

在我们看来，"读懂中国"，包括"读懂中国共产党""读懂中国和世界的关系"，是一个宏大的事业。

让我们共同以极大的热情，来关注这一事业、参与这一事业！

二〇一八年三月

目　录

序　言

郑必坚

在中美两国元首 2022 年 11 月巴厘岛会晤时，习近平主席说："自由、民主、人权是人类的共同追求，也是中国共产党的一贯追求。美国有美国式民主，中国有中国式民主，都符合各自的国情。中国全过程人民民主基于中国国情和历史文化，体现人民意愿，我们同样感到自豪。"这段精辟而又深刻的话讲得鞭辟入里，讲清楚了民主既是人类共同价值，又因各国国情不同而具有实现形式的多样性；讲清楚了民主是中国共产党矢志不渝的追求，中国的民主是全过程人民民主。

毫无疑问，我们从事的"读懂中国"事业，必须把"读懂中国民主"作为一项重要工作。习近平主席关于中国式民主的论述来自中国的民主政治实践，对这一论述最好的解读也是中国民主政治的实践。为此，我提议并组织中国国家创新与发展战略研究会的同事们，从中国的东、南、西、北、中收集中国民主政治实例，举办由地方和基层的实践工作者讲述中国民主故事的国际会议，让世界各国人民能够更直观更亲切地读懂中国、读懂中国民主，回答国际社会对中国民主的种种误读。我们先是收集了38个中国民主故事，集纳成册，以《全过程人民民主在中国》为题，通过外文出版社向世界传播。同时，我们直接到北京、上海、广东等地深入街道社区进行实地调研，并召开理论工作者座谈会，总结中国民主实践的具体做法及其丰富经验。接着，在2023年4月举办的"读懂中国·湾区对话专题论坛"和12月举办的"读懂中国"国际会议上，我们先后邀请17位来自中国各地基层包括街道、社区和乡村的嘉宾讲述他们那里的民主故事。这些嘉宾用图文并茂的PPT和鲜活的语言，讲述了一个又一个生动的民主故事，告诉来自国内外的朋友：在中国，广大人民群众可以在"民主选举、民主协商、民主决策、民主管理、民主监督"五个环节上享有民主权利；可以在"国家事务""经济和文化事务""社会事务"三个方面参与民主管理和民主监督。从中，无论是中国民主故事的讲述者还是听众，都可以真切地体会到：中国的民主之所以是全过程人民民主，就因为这是全链条、全方位、全覆盖的民主，是最广泛、最真实、最管用的民主。

我们深知，读懂中国，读懂中国民主，是一件非常不易的事情，必须久久为功，持之以恒，继续努力。况且，我们的探索还刚刚起步，我们的做法还需要进一步改进和完善，但我们收获满满。比如在实地调研和实例采集过程中，我们在北京等地建立了一批联系点，一些外国朋友到中国来，我们可以邀请他们到基层社区去亲眼看一看、亲耳听一听，了解中国的民主是什么样的民主；又比如我们在实地调研和实例采集过程中，积累了一批又一批基层民主实践的丰富资料包括文字的和影像的，而且影像资料更可以通过扫描二维码再现出来。为了用好这些来自生活的丰富资料，我们决定把其中的19个民主故事实例汇编成书。由于这批资料不仅有文字和影像，而且具有地域的特点，因此，这本书我们改变了以往那种按章、节编辑的做法，而是采取新颖的编辑方法，由我们的导游带着大家到一个又一个地方参观，读者还可以扫描书上的二维码观赏和聆听那里的基层工作者给大家讲述中国的民主故事。所以，读者面前的这本书题为：《跟我去看中国民主》。

中国有句古话"听其言，不如观其行"。评判一个国家制度和治理体系是不是民主的，实践是最好的试金石。全过程人民民主究竟好不好，是要经过实践考验并让人民来评判的。读者面前的民主故事讲述者来自基层，虽然他们所属的地区不同、工作领域不同，但全都是全过程人民民主的参与者、亲历者，他们的讲述生动、有趣，令人信服，不仅介绍了具体实践，还提炼出了重要经验、方法和启示，以利于今后全过程人民民主取得更大的进步。读者可以从中体会到，全过程人民民主给中国普通百姓带来了获得感、幸福感和安全感，人民群众是满意的。

中国全过程人民民主的生动实践，有力地证明了民主没有固定模式。适合本国国情、符合人民意愿、促进国家发展的民主，就是有生命力的民主。我们还可以从这本书中真切地感受到，这样的全过程人民民主是源于中国国情和历史文化的，也是体现人民意愿的。我们为此感到自豪。完全可以说，这样的民主为世界各国探索适合本国国情的民主道路提供了新的方案、新的选择。

行文至此，我想以另一句中国俗语结尾："鞋子合不合脚，只有穿的人才知道。"民主，亦如是。

跟我去看中国民主

我们都知道，民主、自由、公平、正义是全人类的共同价值。在中国人的心目当中，民主就是人民当家作主。这么多年来，中国人民为自己当家作主，在民主的道路上进行了长期探索，形成了中国式民主，在中国叫作全过程人民民主。

今天，大家就跟着我到中国去看一看全过程人民民主。

——李君如

第一章

从上海出发

一座彩虹桥背后的基层治理故事

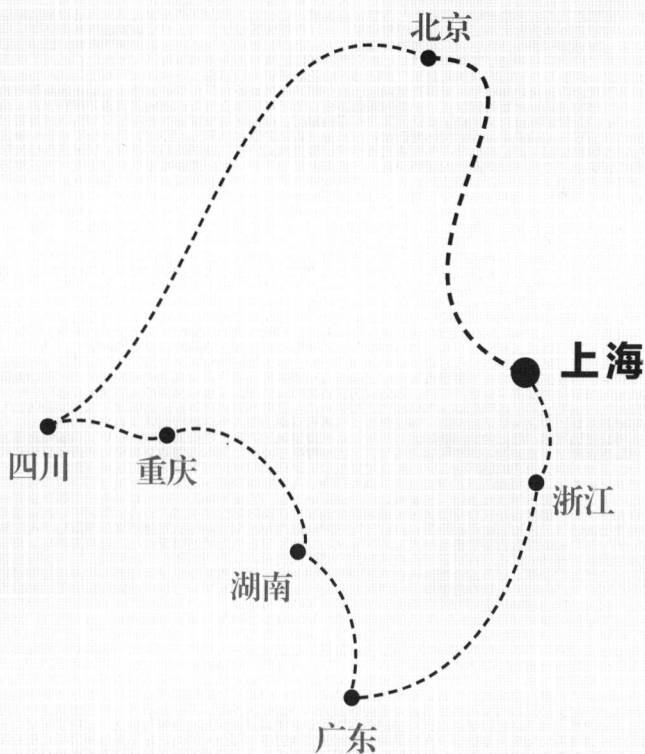

北京

上海

浙江

四川　重庆

湖南

广东

上海虹桥：全过程人民民主首提地

今天我们来到的地方是上海市长宁区虹桥街道。虹桥在中国非常知名，它是中国上海改革开放的窗口，迎接了来自世界各地的企业家、科研人员等。现在，虹桥街道又因民主而再次闻名。

2019年，中国国家主席习近平来到这里，参与了、看到了虹桥街道人民群众的讨论，因为这个地方是中国最高权力机关全国人民代表大会常委会法工委的立法联系点。也就是说，全国人民代表大会常委会不管通过什么法律，都要事先在这里听取古北小区立法联系点人民群众的意见，他们会把自己对法律的看法、对立法的建议提供给全国人大常委会。习近平主席在这里指出："我们走的是一条中国特色社会主义政治发展道路，人民民主是一种全过程的民主。"全过程民主第一次提出的地方就是在这里，请大家记住，这里就是上海市长宁区虹桥街道古北小区。

全过程人民民主首提地，虹桥故事"上新了"

上海市长宁区虹桥街道党工委副书记、办事处主任　郭凯

　　虹桥街道距离上海虹桥机场 8 公里，辖区面积 4.08 平方公里，居住着 6.89 万人，其中境外人员近 30%。街道区域特征明显，大体上可以分为三个部分：其一是建造于二十世纪八九十年代的老旧小区，老龄人口比例高；其二是虹桥经济技术开发区，商贸企业集聚，是上海改革开放最早的窗口；其三是古北新区，国际化程度高，境外人口比例接近一半，是上海最早规划的高标准涉外社区。形态的多元给社区治理带来了很多挑战，作为街道办事处主任，我主要的职责是履行好公共服务、公共管理和公共安全的职能，不断满足居民群众对美好生活的向往。要实现这个目标并不容易，我的做法就是充分尊重民意、汇聚民智，坚持用民主的方法解决民生的问题，这个民主就是全

过程人民民主。具体是怎么做的？我想通过三个小故事来分享。

第一个故事是：一座彩虹桥——立法"飞入"寻常百姓家。

我们社区的一位居民曾经创作了一幅生动的画作。画中的彩虹一头连着虹桥街道，一头通向国家最高立法机关，一只信鸽带着一封书信，信封上写着"虹桥街道全国基层立法联系点"，从街道飞往人民大会堂。这幅画的寓意是，2015年7月，全国人大常委会法工委在虹桥街道设立基层立法联系点，直接听取基层群众原汁原味的立法

上海市长宁区虹桥街道古北市民中心墙上的"彩虹桥"，一头连着虹桥街道，一头连着全国人大常委会

建议。

　　以前，大家觉得立法这件事很远，远在人民人会堂；现在，觉得立法很近，近在自己家门口。通过基层立法联系点，居民群众参与民主的实践越来越广泛，意愿表达越来越充分，民主获得感越来越强烈。比如在《未成年人保护法（草案）》的意见征询中，一位中学生提出的意见被采纳，他感叹道："自己的意见能得到国家重视，深感自豪。在参与民主立法的同时也经历了一次人生重要的成长。"《个人所得税法修正案（草案）》的立法意见征询中，外籍居民诺扬·罗拿提出的意见被采纳后，他深有感触地表示："没想到一个'老外'也能参与中国立法，这让我真切感受到中国民主的优越性。"

　　这样的事例还有很多。我这里有一组数据：2015 年以来，共有 79 部法律草案在我们这里征求意见，共有 2400 多条建议直接送达全国人大常委会，其中有 163 条被采纳。

　　第二个故事是：一张征询单——民主是用来解决实际问题的。

　　在虹桥街道，有 30 个小区近 800 幢居民楼是 20 世纪 90 年代之前建成的老旧小区。由于建造年代久远，这些小区普遍存在着下水道堵塞、顶楼漏水、停车困难、老幼

2023年9月8日，学前教育法（草案）立法意见征询会在上海虹桥街道基层立法联系点举行

活动空间匮乏等问题，居民对小区更新改造的意愿十分迫切。近年来，我们大力开展"精品小区"更新改造，就是要回应这种需求。然而，有限的资源该如何分配？改造的效果如何能让大家满意？通过实践，我们发现，破题的关键还是在"全过程人民民主"。

每个小区在实施改造前，我们都会拿着这张"征询单"，挨家挨户地征求居民意见，在满足《民法典》所规定的征询2/3居民意见、有3/4的居民参与投票的要求并顺利通过后，这张"征询单"上的具体项目就变成了小区改造的"施工蓝图"。

在改造过程中，小区居民全过程参与、全过程管理、全过程监督，每位居民的意见都能被听见、被尊重、被传递，最终形成"最大公约数"的决定，这大大激发了居民的家园共同体意识。当看到老人们乘坐新加装好的电梯出行时露出的笑容，当听到孩子们在新落成的儿童乐园里嬉戏的笑声，我们的内心也是幸福和满足的，因为我们从头到尾全过程地对老百姓负责任，我们也兑现了对老百姓的承诺。

第三个故事是：一个美好生活圈——众人的事情由众人商量。

在我们社区打造"15分钟社区美好生活圈"，就是要在15分钟步行可达范围内，为居民配备生活所需的基本服务功能和公共活动空间，形成安全、友好、舒适的社会基本生活单元。我们坚持开门办规划，用百余场的恳谈会，覆盖各区域、各类型千余人次的意见征集，最后梳理汇总建议300余条，全部纳入规划编制过程中，一件一件予以落实。

比如，根据老年朋友们反馈给我们的八大需求，建成了3000平方米的综合为老服务中心，为老年朋友们提供用餐、看病、托养等26项服务，我们还在每个片区建成

上海市长宁区虹桥街道开设社区综合为老服务中心，提供"一站式"养老助老服务

一个个小而美的美好生活服务站，让老年人在家门口就能享受到便捷、专业、智慧的养老服务。

再比如，我们在古北国际社区发起"Knock Knock"街区提案计划，围绕大家共同关心的交通秩序、垃圾分类、公共空间改造等问题共同协商，制定街区守则，很多居住在这里的外国朋友都参与了进来，让黄金城道步行街越来越美好，成为一条远近闻名的"网红街"。

最后，让我们回到社区居民十分喜爱的古北市民中心，这里是全过程人民民主重大理念的首次提出地。中心一楼，有一幅"全过程人民民主群像图"，展示了居民参与创作的基层民主实践的 42 个场景。在虹桥，这样的场景无处不在，这样的故事每天都在发生，民主是触手可及的，民主也是可以被感知的。诚邀大家来这里走一走、看一看，期待大家从这里能够读懂中国基层社区里的民主，读懂中国！

上海天山路：商务楼宇的民主实践

　　来到上海市天山路街道，这里跟上海其他商贸集中地一样，高楼大厦鳞次栉比。该街道大都是商务楼宇，有公司、研究机构等。"楼宇议事会"就在这些楼宇里面成立了。群众、企业等通过民主的形式解决他们遇到的各种问题。可以说，"楼宇议事会"也是中国基层民主的一种形式。

"楼宇议事会"打造商圈治理共同体

上海市长宁区天山路街道党工委书记　徐姗姗

　　天山路街道有商务楼宇26幢、近4000家企业，其中，金虹桥国际中心连续两年成为上海年度首幢税收百亿楼，另外还有虹桥南丰城、尚嘉中心、天山SOHO等6幢亿元楼。一幢居民楼里尚且存在不同诉求，到了商务楼内，矛盾则只多不少。先来讲述一个发生在百亿楼里的故事。

　　2017年，金虹桥国际中心迎来了互联网企业拼多多，不到3年，公司员工就从1000人发展到了6000多人，由此而来的新问题也很快凸显。"上下楼真难！10点半到11点是我们公司的商务洽谈时间，但每次都要等电梯20分钟以上，客户在旁边都很尴尬。"在楼宇走访中，企业开门见山地抱怨。原来，拼多多由于电商业务的特殊节奏，实行 11 点上班制，每天上午 10 点半到 11 点这半个小时，就成为几千名员工集中涌入大楼的高峰期。然而，这一时段不仅是楼内其他企业午休用餐高峰的开始，也是访客到访、上午商务洽谈结束的高峰时段。虽然金虹桥国际中心大楼中共有 24 台电梯，但层层停，还是形成了拥堵。大楼业主金虹桥置业和物业公司浦江物业都一时没了办法。

很快，金虹桥楼宇党委书记吴冬宇就召集各家企业代表，将这一问题摆上桌讨论。"从 9 点到 11 点，能否安排员工分时段打卡上班？"吴冬宇向拼多多提议。"不行不行，让员工 9 点就来上班，不现实。"拼多多企业代表直摆手。讨论陷入僵局。这时，有企业代表提议，盘活存量电梯。有了新思路，气氛再次活跃起来。终于，其他公司让一步，同意工作日 10 点半到 11 点间，让出部分电梯给拼多多用。拼多多也退一步，把打卡机从楼上公司搬到了 1 楼大堂，并加派人手在大堂协助维持排队秩序。物业公司再进一步提议，如果有重要访客要接待，企业可以预约，物业留出专用电梯。

就这样不断讨论，不断优化，这场楼宇内"乘梯难"问题得以解决。这也给推进楼宇民主带来了新思路：楼宇就像"立起来"的社区，企业就是"居民"，只有邻里和睦，楼宇经济才会更有活力。这一"解题思路"很快得到

金虹桥"楼宇议事会"，聚焦楼内热点、焦点和难点问题开展议事协商，形成"楼事楼议、楼事楼办、有事好商量"的楼宇民主新实践

了金虹桥的响应。天山路街道将全过程人民民主与楼宇民主相结合，以党建为引领、治理为基础，企业、楼宇、物业和街道组成"新四位一体"楼宇治理架构，建立"楼宇议事会"，形成"楼事楼议、楼事楼办、有事好商量"的楼宇民主新实践。如今，天山的26幢商务楼都相继成立了议事会，每季度都在"抠细节"解决各类楼宇问题。

　　除了高大上的商务楼，天山街道也有许多老式的居民住宅区，"烟火气"和"时尚感"在这里交融并存。这就催生出一种共治模式——楼社联动，这在上海中心城区已是一大趋势。

打个比方,大部分企业为员工提供租房帮助,都是与中介公司合作,为员工找寻房源,但这往往会有一些信息衔接上的问题。天山路街道打通居民区与楼宇之间的资源网络,让楼宇议事会与居民区共建,居委会直接将小区内的闲置房源、租赁信息报给楼宇,企业组织有需求的员工"结对"提出租房申请,再由中介机构完成其余租赁流程。这样一来,既快速解决了企业员工的"找房难"问题,也让居委会更清楚地掌握了租户信息。此外,推进生活垃圾分类、杜绝群租等重点工作都有了新的抓手。

在楼宇民主的探索实践中,天山路街道注重盘活资源,聚合各方力量参与进来,不断优化楼委会建设,引入"两代表一委员"联合接待机制进楼宇。如今的天山路街道,全过程人民民主的氛围正在从商务楼宇向整个商圈渗透。

以虹桥公园的改造为例。我们在楼宇里增设了人大代表和群众双向约见的"二维码",有位经常在公园午休的白领通过微信扫码,反映园内因年久失修而存在的大部分座椅和厕所洁具损坏等问题。很快,通过人大代表接待,联动区职能部门"建档立项"、确定改造方案,再经过群众意见征询到着手施工,仅用两个月就完成了园内公厕的改造和公共座椅的修复,并添加了文明公约,引导市民参与共管，让群众从民生实事的旁观者变成参与者、受益者和监督者。

把全过程人民民主贯彻到商圈里、楼宇中，最重要的就是要畅通群众的参与渠道，发挥群众主体作用，使大家对整个决策过程从参与到理解，再到认同、支持，推动构建共建、共治、共享的商圈治理共同体。接下来，天山路街道还将继续保持探索的脚步，在中国式现代化新篇章中更好展现全过程人民民主的生动气象。

第二章

北京故事

这样听民声聚民意

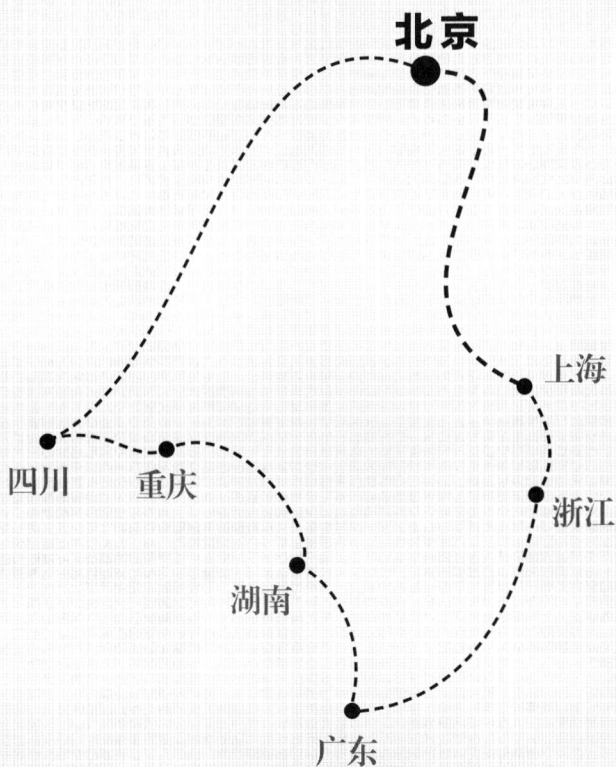

北京
上海
浙江
四川　重庆
湖南
广东

人民网：察民情汇民智

现在，网络是我们大家普遍使用的一种通讯方式。在中国，网络成为中国共产党和国家同人民群众紧密联系的一个畅通渠道。如果有什么好的建议、有需要去解决的问题，都可以通过人民网"领导留言板"反映。中国的党和政府也是这样，要制定经济社会发展规划、要召开党的代表大会等，都会通过人民网"领导留言板"向全国老百姓征求意见。

今天我们就来了解一下人民网的"领导留言板"。

"领导留言板"，观察中国民主的一扇窗

人民网网上群众工作部主任　杨佳

2023 年 12 月 1 日，人民网在吉林长春举办了一年一度的全国网上群众工作大会，各地区各部门的党政机关干部汇聚到一起，商讨新时代如何进一步通过人民网建设的"领导留言板"回应解决群众问题。这块名扬中外的留言板，起源于我们的媒体属性，十几年前，人民网的编辑每次发布新任领导干部的任职新闻，都会有群众在评论区给领导留言，我们受到启发，便有了今天的"领导留言板"。

十几年来，各地领导干部通过"领导留言板"回复群众留言已超 430 万件，无论是山乡僻野的平头百姓，还是象牙塔里的莘莘学子，通过一部手机、一台电脑，所提出的意见建议都会直达领导干部案头——这种人民利益诉求有人听、有人办、有人落实、有人答复的常态，很好地印

证着中国的全过程人民民主是能解决问题的民主。

在人民网，有着许多关于中国全过程人民民主的故事。第一个故事，是"领导留言板"推动群众建议有效转化为政策的案例。每五年制定一次国家发展规划，是中国长期在做的事，每次都充分听取各方意见。2020年"十四五"规划起草过程中，中共中央首次开展网上征集，人民网"领导留言板"也是入口之一。当时一位叫"云帆"的人民网网友通过"领导留言板"参与中央的"十四五"规划编制工作网上意见征求活动。他结合工作中的所感所悟和自己父母实际情况写下建议："在农村人口聚集区域，由政府财政投入建设公共食堂、公共宿舍，有意愿的老人都可以免费居住、生活在一起，年龄小的、有能力的老人照顾年龄大的、能力弱的老人，形成互助养老模式。"

"云帆"名叫李电波，是内蒙古鄂尔多斯蒲圪卜村一名普通村干部，多年来，李电波的主要工作就是和村里的老人打交道。他的这条建言，经过筛选梳理和可行性研究分析，于其后不久被写入中共十九届五中全会文件，随后被正式纳入"十四五"规划。2021年12月，"云帆"的故事连同人民网"领导留言板"一起，作为全过程人民民主的生动案例，被载入《中国的民主》白皮书。

"十四五"规划实施后，人民网每年对"云帆"和他在村里做的养老工作进行追访。如今，村里已经建成互助养老服务中心，许多老人长期在养老中心享受各种服务。2023年夏天，我们采访组再次到鄂尔多斯采访，蒲圪卜村互助养老服务中心已经呈现出一年更比一年好的面貌。"云帆"告诉我们，当初的"互助式养老"建议在实操过程中，既有收获，也有一些"小苦恼"，他正设法推动做一些完善。此外，村里正研究开展研学培训、发展乡村旅游，村集体收入更多，村里养老等服务的发展也就有更

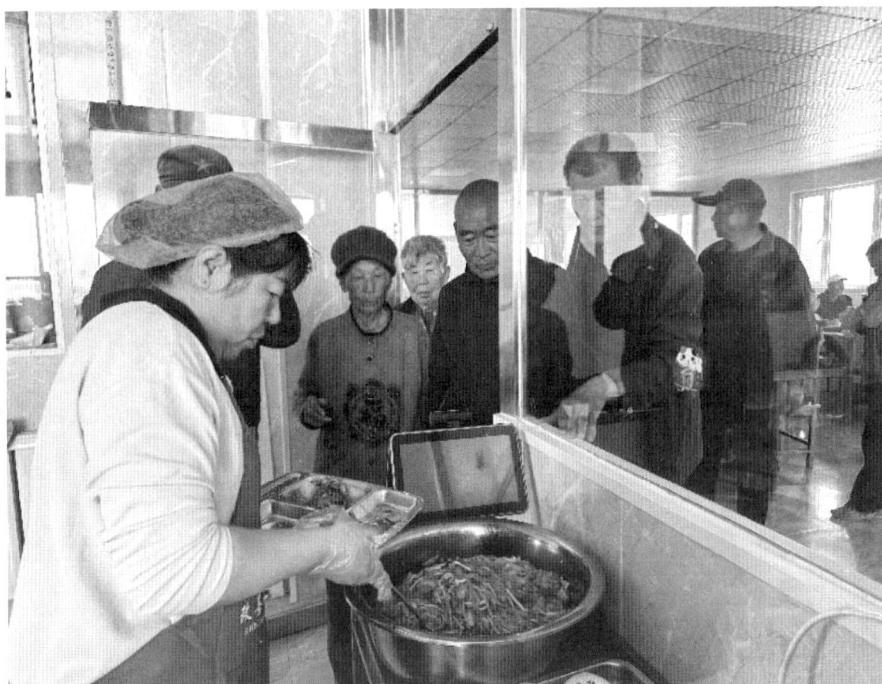

蒲圪卜村的老人在互助养老服务中心打饭（人民网记者　徐明玥　摄）

多资金了。观察人民群众的意见建议，将其转化为政策落实，并随着实际情况不断修正优化的全过程，这是一个多么生动的民主故事！

第二个故事，是"领导留言板"推动一批人受益的案例。王凤娇，云南山区一位孩子妈妈，2015年，女儿小学的教学楼被认定为危房被拆除，新楼却因资金问题一直没盖起来，全校师生挤在钢板搭建的简易板房里上课。下雨的时候，室外下大雨，室内下小雨，孩子和老师要用水桶把水接住再倒出去，课间还得用扫帚把漏进来的水扫出去。而且板房隔音特别差，上课时不同教室之间互相都能听见。

出于对孩子就学环境的忧虑，王凤娇把问题写在了"领导留言板"上，包括资金怎么出、学生怎么安置……很快就有多部门开展调查研究，经过与施工单位、监理单位进行谈判协商，要求确保新学校能够在下半年的新学期投入使用。因当地多山多雨，给施工带来了不小困难：坑洼不平的山路导致建筑材料运输缓慢，新学期投入使用的目标又要求项目必须在长达半年的雨季来临前完成户外施工。为此，永德县教育体育局成立了工作专班进驻工地，每周对工作进度进行通报，对存在的困难和问题及时组织召开工作协调会进行解决。终于，新学期来临之际，新大

学生们在新教学楼中上音乐课（人民网记者 徐明玥 摄）

楼走下蓝图，孩子们有了崭新的教学楼。

　　第三个故事，是"领导留言板"推动解决个人诉求的案例。柳鹏，家在安徽省六安市大别山老区深处山腰上，只有两户人一起长居。因山高路远施工困难，这里一直没有铺设光纤，通信及网络信号常年不佳甚至不通。人民网记者采访时，柳鹏告诉记者："以前回家就相当于'与世隔绝'，家里没信号，外面的朋友都联系不到我。我妈每次打电话都要走半个小时到山下，网购什么的就更别提了。"柳家人曾和邻居一起到电信公司反映情况，希望能给山上通网，电信公司多次实地勘察后，考虑到山区地势陡峭，铺设网线电线杆施工难度大，通网成本高，回复暂时无法为两家人单独通网。

2021年，柳鹏试着通过"领导留言板"向六安市领导留言求助，情况被提交到市领导办公桌上重新研究。令他没想到的是，当地很快开展实地调研勘测，虽然成本高、施工难，但还是下决心彻底解决这个问题，为两户居民新建电线杆14根、拉线13条、搭建线箱3个，彻底解决了两户居民网络问题。这是一笔不小的投入，而六安市不仅投入资金，还组织了勘测设计，督促落实施工队伍，协调处理施工中遇到的矛盾困难。用金寨县委督查办工作人员徐照亮的话说，"为群众办实事，不能只考虑'性价比'"。

这么多年来，我们见证着政府做了很多这种不计投入的事，所收获的不仅是好评，更有我们的民心。

大大小小的故事，每天都在"领导留言板"上发生，其背后涌动着中国特色的民主治理。今天的中国，从中共二十大报告撰写这样事关全局的大事，到一部法律的修订、一条铁路的修建，各级政府通过互联网等渠道开展意见征求已经是一种执政常态。随时关注老百姓急难愁盼问题，特别是研究解决现有政策法规无法解决的特殊问题，更是全国上上下下每一个领导干部的关心关注，因为我们的"领导留言板"覆盖了中国所有的省、市、县，这一点，我们是最直接的见证者。在人民网上，每天有3000多件群众意见建议和问题诉求获得回应，办得成的事给群众一个回复，个别办不成的事也给大家解释清楚、获得谅解、达成共识，老百姓急难愁盼问题的解决，在很多地方已经纳入了干部的考核指标体系中——这就是实实在在的中国民主，广泛、真实、管用。

北京 12345：有事找政府

　　在中国，在北京，有一个老百姓熟记并最喜欢使用的电话号码，它就是 12345。有什么需要政府解决的问题，只要拨打 12345 政务服务便民热线，政府有关部门马上就会过来帮你解决。我也使用过，非常神奇。不信大家跟我去看一看。

"有事儿就打 12345" ——接诉即办，解决群众急难愁盼

北京市市民热线服务中心研究室副主任　李佳

提起 12345 市民服务热线，大家耳熟能详。在北京，接诉即办，赋予了 12345 这个老品牌新的时代内涵，形成了新的群众工作机制。接诉即办，用一条热线连起了民情、化解了民忧、守住了民心，贯穿其中的是一场深刻的"治理革命"。

2021 年 9 月 24 日，《北京市接诉即办工作条例》颁布实施，标志着接诉即办进入法治化发展轨道。接诉即办，正在依托 12345 市民服务热线转化为一种强大的制度力量：它让企业和群众"只拨一个电话就好""没有难办的事"；它让一个个派单"飞"入基层部门；它让各级党员干部"围着一线转、围着群众转、围着问题转"……究其根本，这是超大城市治理中以"问题导向"重点突破的

2019 年 4 月 3 日，北京市海淀区区长等就近期百姓拨打 12345 反映的问题，主动给百姓打电话进行回访

纵深探索，这是在新发展格局中坚持"人民立场"的改革实践。

接诉即办，从政府"端菜"到群众"点菜"。

不久前，市民闫先生拨打 12345 热线反映海淀区一破损线杆存在安全隐患。闫先生原以为是"小事一桩"，没想到不仅问题快速得到解决，还两度接到回访电话。

闫先生不知道的是，在他放下电话后，12345 热线平台将此问题直派给电线杆的管辖单位——海淀区城管委。接件当天，区城管委干部便到现场察看，确认问题后发现，线杆上还安装了几个硬件设备，但均未标记归属单位。

一根线杆，涉及的部门却不少。海淀区城管委首接负责，请来了区公安、交管、中国移动、歌华有线、国家电网以及海淀街道、燕园街道等多家单位现场踏勘确权。多部门联合"会诊"，问题一周之内就得到了解决。闫先生说了三个"没想到"："没想到反应速度这么快，没想到解决力度这么大，没想到过程如此有温度。"

接诉即办，简简单单四个字，背后却是从一号受理、分级响应，快速直派、协同办理，再到结果反馈的全周期管理闭环体系。

过去是政府"端菜"，现在是群众"点菜"，接诉即办改革通过业务流程系统性再造，开启了全过程人民民主在城市治理实践中的新纪元——群众需要什么、期待什么，社会治理就重点关注什么。

接诉即办，从有一办一到举一反三。

以人民为中心，既要有一办一，更要举一反三，为人民主动办实事。对于北京来说，接诉即办是一个富矿，充分用好它所形成的大数据，梳理出高频难点问题，以市民诉求驱动超大城市治理。用"治理"解决普遍性问题，用"整治"解决突出问题，用"改革"破解民生难题，以点带面、标本兼治。"每月一题"工作机制应运而生。

第一个题目就瞄准烫手的山芋——房产证办理难问题。这个题目是以市民诉求大数据为支撑"算"出来的。办证难，难就难在其涉及多部门、跨领域，还要在末端环节解决前期遗留问题。北京市规划和自然资源委员会探索了"无错优先、尊重历史、标本兼治"的治理路径，34万余户房产证办理难的居民拿到了期盼多年的"大红本"。此外，还有老房子雨季漏雨问题、夏季高峰期供电问题、冬季供暖问题……凡事想在前头、提早一步，"心中有数、心里有底"，就一定能更多地把事情办到百姓心坎上，精准施策的基础也必将越来越坚实。

接诉即办，从政府主导到多元共治。

劲松北社区建于1978年，是北京市第一批成建制现代化住宅区。然而，在岁月的洗礼中，小区基础设施变得老旧，服务功能逐渐缺失，给居民生活带来不便。为了从根本上解决传统老旧小区的治理难题，劲松北社区蹚出了一条党建引领、社会力量参与的城市治理新路子。这条路子就是借助街道与物业服务企业合作，运用市场化方式吸引社会机构参与改造和物业管理。如今的劲松北社区，道路平整宽敞，卫生院、理发店、食堂、菜站等便民设施一应俱全，不出社区，衣食住行都能实现。

接诉即办让人民成为城市治理问题的发起者、治理过程的参与者、治理成效的获得者、治理程序的监督者。全过程人民民主被内嵌于城市治理过程中，让人民民主广泛、真实、管用的重要特征生动化、实践化，看得见、摸得着。一个个老百姓发自内心的微笑、一面面群众送出的锦旗，"有事儿就打 12345"成为老百姓的口头禅，这是对接诉即办工作的最高褒奖。

北京前门：乐商共议建和谐家园

现在，大家跟我来到了北京市东城区前门街道草厂社区。在这里大家可以看到，人民群众在生活中遇到的那些烦心事、难办事是怎么通过民主方式解决的。

草厂社区有一个小院议事厅，中国国家主席习近平来这里看过他们。他们在长期民主实践中形成了"居民的事居民议、居民的事居民定"理念。请大家跟我进去看看，听他们介绍一下吧！

居民的事居民议，居民的事居民定

北京市东城区前门街道草厂社区党委书记、居委会主任 李峥

2019 年 2 月 1 日，是我终生难忘的日子，临近春节，习近平总书记来到草厂社区，在"小院议事厅"听取了居民协商议事情况的介绍，肯定并强调："居民的事居民议，居民的事居民定，有利于增强社区居民的归属感和主人翁意识，提高社区治理和服务的精准化、精细化水平。"

"小院议事厅"是社区社会组织，是居民协商议事的场所，成立 11 年来，解决"胡同诉求"近百件。在这里有过许多精彩的议事，其中就有通过民主协商为居民在胡同里搭建停车棚的故事。

古诗有记载："丽日和风调玉律，彩幡花胜耀天街。"这里的"天街"说的就是有近 600 年历史的北京前门大街，而前门大街所处的前门街道正是我奋斗十余年的沃土。前门街道地处天安门广场东南部，正阳门下、金水桥

11年来，北京市东城区前门街道草厂社区"小院议事厅"解决"胡同诉求"近百件

边，位置非常重要。草厂社区是典型的平房社区，辖区面积0.32平方公里，街巷胡同25条，居民院落616个，常住居民2500余人。胡同狭窄、空间小，电动车乱停放影响胡同秩序，飞线充电和室内充电存在安全隐患，社工在日常的走街串巷中也听到有些居民抱怨电动车停放难、充电难。

既然居民有需求，社区党委就琢磨着怎么主动向前一步，用党组织服务群众经费为居民在胡同里搭建停车棚。有了想法，社区立即开展实地调研，在本不宽敞的胡同里见缝插针，好不容易找到几处空地，还请来施工单位出了设计方案。但在进一步走访中却碰了不少钉子。很多居民的反应就是："大姐，社区想在胡同里为居民修建电动车棚好不好呀？""好啊！""那在您后墙根那个位置搭建怎么样？""那不行！我怕吵。"

社区党委发动"小院议事厅"成员，在群众中广泛征集意见。在民主协商过程中，居民提出了很多问题：比如选址得保障保洁车、快递车在狭长的胡同里通行顺畅；搭建车棚要避免影响居民采光，还要尽量降低噪音，所以对于遮雨棚的材质要精挑细选；要充分考虑好雨天排水问题，不能让居民家的墙体受潮；包括车棚后期的运营维护、技防设施的安装及日常的卫生保洁问题；还要想着怎么样逐步解决僵尸车占位停放的问题，等等。这些大大小小的问题都要考虑到，因为只有这样，才能真正让居民满意。

为了能把车棚建好，社区党委从2023年年初就通过"小院议事厅"召开了多次专题议事协商会。除了议事厅成员及部分居民代表外，还邀请了党建工作协调委员会成

车棚完成修建，真正做到有效调动居民当家作主的积极性，通过民主协商、民主决策，把实事办好

员单位城区供电公司代表、街区规划师、物业和快递、外卖小哥代表一同议事，让各方代表都能够充分发表意见。在社区党委的引领下，经过多轮协商、梳理问题、制定对策，逐渐形成共识，最终将首个车棚的搭建位置确定在各方面条件相对成熟的草厂六条胡同南口。目前，该处车棚已经修建完成，在一定程度上解决了电动车无序停放和充

电安全问题，真正做到有效调动居民当家作主的积极性，充分挖掘居民群众的智慧，耐心听取居民的意见建议，通过民主协商、民主决策，把实事办好。下一步，社区党委还将与辖区单位合作，共同探索用积分兑换、物品置换的方式回收"僵尸"车。

社区工作，件件桩桩与民生相关，社区建设，串联起百姓的幸福生活。草厂社区党委将始终牢记总书记的殷殷嘱托，以中共二十大精神为指引，坚持党建引领基层治理，不断健全党组织领导下的民主协商机制，推动全过程人民民主的基层实践，在打造中国式现代化建设先行区、示范区中贡献草厂智慧、草厂力量。

第三章

从四川到重庆

让民主在乡村院落和每一个街道落地生根

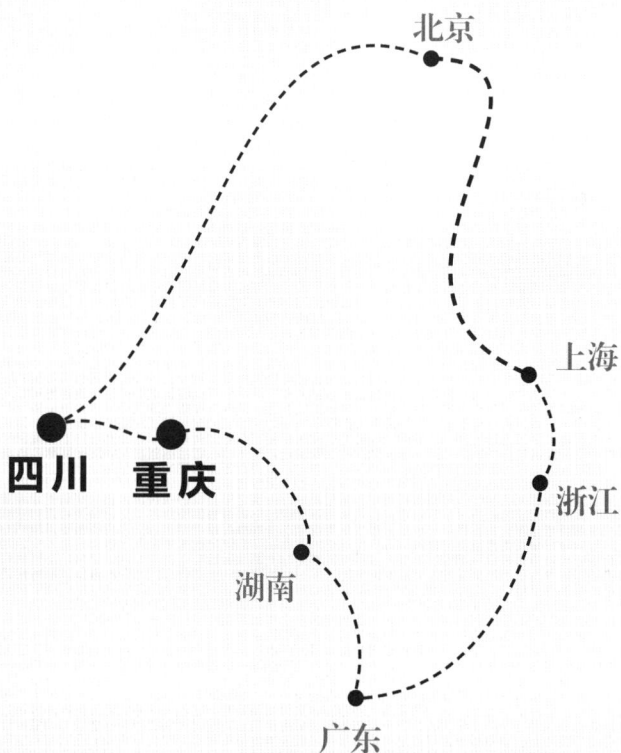

北京

上海

浙江

四川 重庆

湖南

广东

四川李子村：农村民主促乡村蝶变

在中国的民主制度设计当中，有人民代表大会制度、有中国共产党领导的多党合作和政治协商制度、有民族区域自治制度，还有一个很重要的制度就是基层的群众自治制度。在社区、乡村都有居民、村民自己选举自己的管理委员会来治理好这个地区。

我们有一个朋友，她从中国人民大学毕业后来到四川一个村里，亲眼看到了村民委员会是怎么选出来的、村里是怎么进行民主自治的。

我们一起到那个村去看一下吧！

乡土中国的院落民主

四川省自贡市富顺县代寺镇李子村党总支副书记　杨梅

我来自四川省自贡市富顺县代寺镇李子村，是李子村党总支副书记，我本硕都就读于中国人民大学，硕士毕业回到家乡，2021 年作为选调生到村任职，通过一年多的驻村，我切实感受到了"基层民主是全过程人民民主的重要体现"。

我所在的自贡市富顺县地处四川南部，是典型的农业大县，百万人口中农村人口占比达 73.11%。2019 年村级建制调整，全县合并了 110 个村、1579 个组，小组长服务半径增大、联系人数增多，村民直接参与村级事务的难度增加。基于村民小组范围内有很多小聚居的"湾子"，"湾子"里的村民居住相邻、户数适宜，便于自治，因此，我们探索把全过程人民民主和院落治理相结合，以党建为引领、乡情为纽带、自治为基础，建设"乡情小院"，形成了"大家事、大家议，有事好商量"的"院落民主"新实践。我们玉堂湾和美小院就是富顺县众多院落的一个缩影。

玉堂湾小院的建立起源于镇人大代表、小院村民王斌，一次在邻镇大田村的学习，他观摩了院落里热火朝天讨论修建广场舞坝坝的议事会，萌发了组建小院的念头。他走遍了周边的28户村民征求意见，很快得到了大家的支持。建好小院关键是选好"带头人"，可"带头人"怎么选？王斌发了愁，在镇村的指导下确定按3—5人进行推选。随后，我全程参与了"院坝会"的推选过程。通过个人自荐和群众推荐产生了候选人，又以举手表决的形式选出4名委员，再从委员中推举出1名院长，这些委员都是作风正派、乐于奉献、在群众中威望较高，王斌顺利成为了小院院长。值得一提的是，王斌的岳父是我们县一位基层的全国人大代表，受岳父和良好家风的熏陶，王斌特别热心于群众事务，深受小院群众喜爱，因此他被推选为院长也在意料之中。其他3名委员分别是老党

民主推选小院骨干，让群众从民生实事的旁观者变成参与者、受益者和监督者

员、种粮大户和退休村干部，每名委员联系 7—9 户，将治理单元划小，服务到家，构建起了"镇、村、组、院"四级治理体系。经张榜公示 3 天后，玉堂湾小院自治管理委员会顺利成立。

自管委成立后，在不断探索的过程中，建立了以"院坝会"为载体，通过"群众广泛提、院长委员议、集体表决定"的方式民主讨论院落事务的机制。记得有一次，小院村民提出公共区域内鸭棚脏乱差，院长随即组织大家召开院坝会商讨，最终决定将鸭棚改为跳广场舞和摆龙门阵的活动坝。但钱怎么筹？我们犯了难，既然是小院的事，还是听听大家的意见。院坝会前村党总支建议我鼓励大家自愿捐款，作为刚驻村不久的选调生，和群众一见面就谈钱，我实在开不了这个口，没想到说明情况后，一位村民主动站出来说愿意捐款 100 元，接着，其他人也陆续捐出50 元、20 元……零零散散竟筹到了 1860 元，有了这笔钱，活动坝的建设便提上了日程。

院落也体现着民主监督。自管委受村民、村党组织监督，每年年底召开院坝会谈一谈、议一议小院事务，以"院长带头讲、委员补充说、村民全程议"的方式，在村"两委"成员的参与下，盘点当年院落的大小事。村"两委"还通过日常走访，了解小院院长和委员表现，对表现优秀的通报表扬，对群众反响差的进行动态调整。

同时，小院采取红黑榜、积分制等方式定期开展"文明家庭""卫生家庭""最美邻里"等评选，并根据乡情民俗、家风家训、院落文化等，制定了小院公约，让群众由民生实事的旁观者变成了参与者、监督者、受益者。我至今都记得第一次卫生评比打分的场景，我们通知周五下午要来打分，本以为农忙时节群众们不会放在心上，没想到我们入户评分时，家家户户房前屋后都打扫得很干净，农具家具都摆放得很整齐，乡亲们还特别谦逊，说自家脏得很，哪家特别干净。我们都是现场直接宣布评比结果，没想到大家特别看重这份小小的荣誉，得了名次的还想做得更好，没得好名次的就想下次靠前。现在我到院落里，群众看到我就会问，我家已经打扫好了你们什么时候来评比？我想，这样的长期引导已经让群众树立了爱护环境卫生的良好风气。又比如，82岁留守老人王大婆去年夏天中暑生病了，是小院居民联系自管委，找村医、借车子，齐心协力将她送到了县医院进行治疗。病愈后，大家还自发组织去看望老人家。在当月的院坝会上，自管委根据积分制度对热心助人的群众进行了加分和表扬。王大婆对小院居民也一直心存感激，农忙时帮忙照看一下放学回家的孩子们，我到院子里，她还经常拉着手说舍不得我，我想她已经把我当成了亲人，我也在小院里感受到了"人间烟火味，最抚凡人心"。

小院里还书写了很多动人的故事，比如给留守儿童过集体生日，相互帮忙栽秧打谷，乡贤捐赠跳坝坝舞的音响等。除了这些自发的活动外，小院也通过双向"点单"，对接县内资源，例如，县教体局提供健身器材，县委宣传部建设小院书吧，驻村干部成立两支志愿服务队等，我就是小院里乡风文明倡导队的小队长。这种"自下而上"和"自上而下"的双向互动，让小院焕发出勃勃生机。

评判一种民主形式好不好，实践最有说服力，人民最有发言权。近年来，富顺县围绕院落治理这一主题，推进全过程人民民主向院落延伸，建成了一批和美、产业、法治等不同主题的小院，带动了2万余人次参与"院落民主"，2个村获评全国乡村治理示范村，14个村镇获评省级乡村治理示范村镇。如今的玉堂湾小院，人居环境越来越美，邻里帮衬越来越多，"湾子"越来越热闹，群众普遍反映，生活越来越安逸、日子越来越有意思。

我们把这种最基层的民主叫作"院落民主"，就是基于农村熟人社会特点，川南农村小聚居、大散居的地域分布形态，以院落为单位引导群众通过一定形式参与身边事务管理全过程，实现自我管理、自我服务、自我教育、自我监督。我们认为，要把全过程人民民主贯彻落实到基层，就是要找到基层民主与基层治理的结合点，畅通群众参与渠道，提升群众参与能力，从而提高人民群众当家作主的能力，激发人民群众主体意识和创造活力，让全过程人民民主在乡村院落落地生根。

重庆：居民公约维护公序良俗

在中国的西南部有个直辖市叫重庆，这是很有名的山城。

重庆江北区是个很繁华的城区，他们那里有一个调解居民矛盾的工作室，叫"老马工作室"。老马是一个当地有影响的人物，他和大家一起对群众中的一些矛盾问题进行全面调查，之后再把老百姓邀请到一起去讨论、辩论，然后解决问题。他们创造的经验就是在调解中形成一个公约——居民议事处理矛盾公约，使得大家都可以在这个公约下和谐相处。

这就是中国西南部城市重庆的基层治理经验。

定分止争：老马工作室解锁基层治理"最优解"

重庆市江北区观音桥街道老马工作室负责人　马善祥

我叫马善祥，是重庆市江北区观音桥街道老马工作室负责人，从事群众思想政治和基层调解工作30余年，被大家亲切地称为"老马"，曾获时代楷模、改革先锋、全国优秀共产党员、全国先进工作者、全国十大法治人物等数项荣誉称号，曾被当选为第十三届全国人大代表。几十年来，我们深化运用新时代"枫桥经验"，成立了"老马工作室""小马工作站"，创新了"老马带小马"工作机制，参与并见证了基层群众民主法治意识从弱到强、从幼稚到成熟、不断发展壮大的过程。

我所在的观音桥街道是重庆市江北区的核心区域，一直承担着"城市窗口"的重任，自1993年"撤乡建街"以来，辖区城镇化快速推进，越来越多的人选择在此安家落户。经过数十年的建设发展，人口愈加密集、小区日渐增多，物业矛盾高发频发，一度成为邻里和谐的"绊脚石"。近来，令我印象最为深刻的就是塔坪老旧小区改造后的"车位之争"。2023年，塔坪老旧小区一期刚刚完成改造，为了实现小区可持续化运营，街道本着"院落化"管理思路，通过多轮的比选将保利物业公司引入了进来，主要负责小区的基础物业管理，小区品质得到了大幅提升，老百姓的生活环境得到了看得见、摸得着的改善。

然而，没过多久小区就爆发了物业纠纷，几波小区业主来到街道就小区新划定的39个停车位分配管理提出质疑，有人认为新划定的停车位属于公共停车位，不该由物业来统一运行管理；有人认为车位就该按照"先到先得"来分配，谁先抢到就归谁使用……一时众说纷纭、争执不断，甚至出现业主阻碍施工、拒绝物业提供服务等情况，业主与业主之间、业主与物业之间关系愈加紧张、矛盾十分突出。

其实，新增车位对居民来说是件好事，居民吵着嚷着无非是想要分配上的公平。大家有分歧，即使这件事情再难也得做，但又不能硬着来，要慢慢商量着来。"老马工作室"立刻行动，发挥全过程人民民主的重要作用，实现让民众有效参与。

第一步，就是把"群众的意见掌握起来"。解决群体问题，民主的形式往往以个体表达为起点，以集体表达为终点。我们做群众工作有一条宝贵经验，凡是需要民主决策的事，无论大小都要依靠群众，从群众中来、到群众中去。面对小区"车位之争"，我们通过网格治理将党组织和党员力量全部下沉，以分组走访、入户交流等形式，最大范围听取群众诉求、收集意见建议，并一条不落地记录在本子上，并且对居民反映最多的、支持最高的意见建议进行特殊标注。

第二步，努力让"道理在多方辩论中明晰起来"。推进全过程人民民主，最离不开的就是"百花齐放"，居民不能只当旁观者、接受者，而是要把自己的想法说出来，力争当"主角"。为了让每位居民都有发声的机会，我们按照楼栋进行业主代表选拔，鼓励居民以楼栋为单位，通过投票、

马善祥与社区"小马"沟通，想办法协调居民间的矛盾问题

自荐等方式推选 1—2 名业主代表，参与党建联席会、院坝会，同保利物业、人大代表、议事代表、网格员等多元主体一起研究车位分配管理。在数场会议中，业主代表们踊跃发言，人大代表们积极建言，物业企业主动表态，大家"吵着吵着就吵出了感情""辩着辩着就辩出了道理"，最终大家握手言和，同意每年"抓阄"分配车位的方案。当然，这份方案随后也被公示在了小区的布告栏上，供大家随时阅览和监督，真正做到了群众自己的事自己说了算。

第三步，成功把"居民自治公约建立起来"。民主法治精神是推动全过程人民民主健康运行的重要保障，也是干部群众的共同精神。在推动车位矛盾化解的过程中，我

面对小区"车位之争"，党员代表、马善祥、物业公司共同听取居民意见

们非常注重法治精神的宣传，帮助群众建立正确的权利观和义务观，让群众既知晓其享有的权利，又知晓应履行的义务，有效避免了极个别居民以非法、极端方式主张个人的权利、表达个人的诉求。更难能可贵的是，在这个过程中，居民也自发建立起了预防和化解物业矛盾"自治四条"，即"明确权利义务、尊重自由表达、依法依规处理、少数服从多数"。这短短 24 个字，不仅有民主法治精神，也有居民自治风采。现在，这项公约被推广到更多的小区，居民们都爱提，也都爱说。

塔坪老旧改造小区的"车位之争"，是事关居民切身利益的一件"难事"，也是在基层社会治理中践行全过程人民民主的一件"要事"。其实，工作中我们还会遇到很多的"问题之争""利益之争"，或许"件件难办"，却"事事关键"，每一个问题的解决、每一轮居民的协商，每一次公正的评判，我们都将见证全过程人民民主在基层社会治理中迸发的巨大能量，当然，也更加认识到在基层社会治理中持续推动全过程人民民主法治化、制度化、规范化的重要意义——只有不断推动全过程人民民主完善发展，群众才能真正成为经济社会发展的建设者、参与者、维护者和最大受益者。

第四章

活力湖南

激活基层民主的"神经末梢"

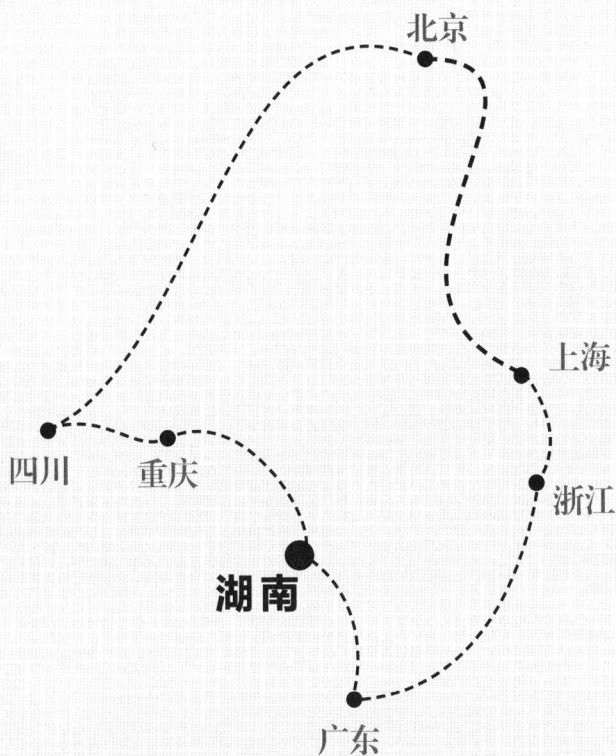

北京

上海

四川　重庆

浙江

湖南

广东

湖南湘潭雨湖区：居民自治添活力

我们知道，民主是处理人与人之间关系的一个准则。它不仅要处理政府与人民群众、政党与人民群众的关系，还要处理人民群众之间、社区之间的关系。怎么协调、怎么处理好这样的关系也是民主要解决的一个难题。

现在我们来到中国湖南省湘潭市，他们通过扁平化治理解决邻里之间的矛盾纠纷。这是民主的一种新创造。

扁平化治理：聚人间烟火，暖百姓心窝

湖南省湘潭市雨湖区广场街道党工委书记　曹曦

我来自毛主席的家乡——湖南省湘潭市，是湘潭市下辖的雨湖区广场街道党工委书记。我所在的雨湖区位于湖南省中部湘江之滨，常住人口60万，是典型的老城区。为破解辖区高层小区遗留问题多、老旧小区物业矛盾多、生活片区陈旧设施多等基层民主治理难题，我们全面推行扁平化治理改革，充分激发和调动了人民群众参与基层治理的热情。

在推行改革的过程中，有过困难和磕绊，但最后都化成了温馨和感动。其中，有三个故事让我至今印象深刻，它们都是发生在我身边最生动的全过程人民民主实践。

第一个故事：共办"百家宴"——互相信任是城市基层民主的必要前提。

金桂楼是耸立在我们街道广云路 602 号小区的小高层商品房，有住房 128 套，实际入住 116 户。由于历史原因，这栋楼一直无法移交小区物业统管，几年下来，业主与开发商之间矛盾重重、业主与业主之间误会不断、业主与小区物业牵扯不清，社区多次组织业主票选楼栋自治小组，都被大家冰冷拒绝。通过持续深入走访，我们发现，楼上楼下的居民彼此陌生，同单元同楼层的住户也是互不往来，自治小组即便选出来了，也不会有号召力。居民们厌弃彼此的"冷漠脸"，但谁也不愿主动迈出第一步。

我们立马行动，为这个楼栋量身策划一场"百家宴"，策划案、海报、菜品和文艺节目招募都发出来了，但报名参加的居民寥寥无几。我们随即转换思路，把大家公认的热心居民找出来，用"熟面孔"带路，入户宣传发动，共同探讨活动细节。很快，参与热情被迅速调动了起来，大家热烈讨论、踊跃报名、跃跃欲试，三天时间征集到了 63 道菜和 12 个节目，活动开幕前几分钟，还有居民"火线"报名。活动当天，居民们全员出动，拿手好菜一一亮相，宛如一场"邻里满汉全席"，大家还票选出了 6 位"楼栋厨王"。饭后大家围坐在一起，猜灯谜、玩游戏、看表演、拍楼栋全家福，现场一片欢声笑语。

邻里互信建立后，我们立即把"百家宴"的核心参与

"和平家宴"增进邻里情，推动社区自治

者推举为候选人，很快就选出了 7 人自治小组。业主们定期会商楼栋公共事务，并就持续 6 年的自来水费汇缴难题达成了高度共识，2 天时间迅速落地解决。

第二个故事：共造"甜蜜园"——公开透明是城市基层民主的内在要求。

金秋十月，广场街道甜蜜园小区热闹非凡，居民们这头才参加完民情恳谈会，那边就张罗着一起打造共享花园。这只是甜蜜园小区民主自治的一个缩影。甜蜜园是仅有 300 位居民的老旧小区，2020 年 12 月原物业撤场后，一段时间小区陷入了混乱。为了改变这种情况，我们立即指导小区迅速集中民意，选举成立了小区业委会和党支部。业委会成员坚持零报酬服务，全体业主共同参与小区的民主管理和民主监督，形成了小区事务大家议、一起办的浓厚氛围，先后解决了小区公共安全、停车秩序、设施维护、清扫保洁等一大批实际问题，还通过潮汐式停车收费为小区每年增收 5 万元以上。居民们都说，业委会定期开展民情恳谈，每个人的意见都能被听得见；定期公布"甜蜜账单"，物业收支明明白白，这样公心办事的业委会，谁能不信、谁人不服？

截至目前，"甜蜜园"物业费交费率 100%，物业收支公开率 100%，连续三年业主分红派发率 100%，大家在这里真切感受到了"甜蜜自治"所带来的幸福。

第三个故事：共建"舒适圈"——美好生活是城市基层民主的目标追求。

2021 年，我们顺应 3196 户老旧小区居民的呼声，争取专项资金启动了旧改项目。项目启动后，我们把改造的话语权和主动权交给这里的常住居民，通过线上＋线下、走访＋座谈的形式，广泛征求大家意见，全面落实"两个80%"的要求，即"改不改""怎么改"都要有 80% 以上的居民同意，将居民的需求和意见"一网打尽"，找到居民意愿的最大公约数，把群众的共识性意见全部纳入到施工蓝图。居民普遍反映"老年人多、没有活动空间，小孩没有玩耍的地方"，我们就狠抓小区适老化、适儿化改造，打造"⋅老⋅小"活动中心；居民们提出"小区老破旧，停车难、路面差，步行不安全"，我们就用心打造了健康步道、修整了机动车道、划定了停车位；居民说"我们这里是开放式小区，平时车多人杂，存在治安隐患"，我们就着力添置夜间照明、治安监控以及智慧门禁，让大家生活更加安全安心。

总之，我们通过扁平化治理改革，把基层民主协商贯穿于老旧小区改造全过程，不仅得到了人民群众的交口称赞，更是获得了住建部的全国推介。

湖南岳阳楼区：社区有群和事老

我们来到湖南省岳阳市岳阳楼区，看看这里的基层民主是怎么推进的。

我们知道，在基层社区生活中有许多老百姓之间的是是非非，我们的街道干部也好、人民代表也好，去断这些是非是很难的。岳阳楼区创造了一个叫"群英断是非"的工作法，就是请这个地方有影响的群众，由他们去了解情况，然后经过辩论、讨论做出结论。开始的时候，大家情绪可能会很激动，但辩着辩着就辩出感情来了，辩出方案来了，辩出解决问题的办法了。所以，在这里创造"群英断是非"这个工作平台以后，人民群众不仅仅是问题的提出者，更是解决问题的参与者和推动者。

这就是岳阳楼区的人民民主。

百姓身边事自有"群英断是非"

湖南省岳阳市岳阳楼区奇家岭街道综信办主任　孟谦

大家好，我是湖南省岳阳市岳阳楼区奇家岭街道综信办主任孟谦。

发生在社区、村中的邻里纠纷看起来是"小事"，但实际上是基层治理中的大事，因为这些事与群众的切身利益息息相关。如何把一桩桩、一件件"关键小事"办成"暖心大事"，考验着政府的责任心与治理智慧。萌发于湖南省岳阳楼区奇家岭街道的"群英断是非"工作法，践行"全过程人民民主"理念，通过共建共治共享，发挥群众主体作用，有效解决了一大批基层治理过程中的"疑难杂症"，不断提升居民的获得感、幸福感。

奇家岭街道学院路社区地处城乡结合部，老旧小区较多且大部分无物业管理。辖区一些老年居民喜欢种菜，既可打发时间又可补贴家用。以鸿仪小区为例，该小区曾有

23户家庭在公共绿地种菜。屋前屋后圈地围栏，春夏来临时，直接泼粪施肥，臭气熏天、蚊虫乱飞，周边居民苦不堪言。社区工作者逐户上门劝导，可就是不见效。一边是种菜户之间互相观望，谁也不肯先退出；另一边则是群众不断向上级反映批评社区居委会"不管事、不顶用"。

社区工作者累得心力交瘁，群众却不买账。我们决定先做摸底调查。这个小区共有376户家庭，社区党委经过近一个月的走访，不仅发现该小区由环境卫生引发的矛盾最突出，还发现居民乱停车占道、乱丢垃圾等现象严重。在矛盾纠纷主体多元化、利益诉求复杂化、纠纷类型多样化的背景下，传统调解方式不好用了。

习近平总书记指出："在中国社会主义制度下，有事好商量、众人的事情由众人商量，找到全社会意愿和要求的最大公约数，是人民民主的真谛。"

社区党委从这里找到了智慧，一个"金点子"悄然萌生。既然怎么"判"都不对，那不如放权，把裁判权交给群众，群众的是非干脆就让群众公开来断。社区居委会引导纠纷相关人员往解决问题的方向交流，最终达到化解矛盾的目的。

在区人大代表、政协委员的帮助下，我们决定打破单向依靠干部调解的惯性思维，让群众来公平公正说理，筹划召开了"群英会"。"群英"就是"能有效影响当事人的关键人物",这是"群英断是非"工作法的核心。

现场几名"种菜户"讲完各自的想法后,"群英"你一言我一语,有的直言"你种菜臭死人,夏天还招蚊虫",有的耐心开导"公共绿地,养点花种点草,有益身心健康",还有的补充"树篱笆存在安全隐患,刮伤人都不是小事儿"。城管等职能部门则从城市管理的角度向居民进行解释。

"群英会"从意料中的剑拔弩张,到意料外的有说有笑,种菜的和没种菜的居民都对解决办法满意。短短十天,大家一起清理了菜园,蔬菜在邻里间相互赠送。如今,这个小区的居民还自发众筹打了地坪、划了停车位。

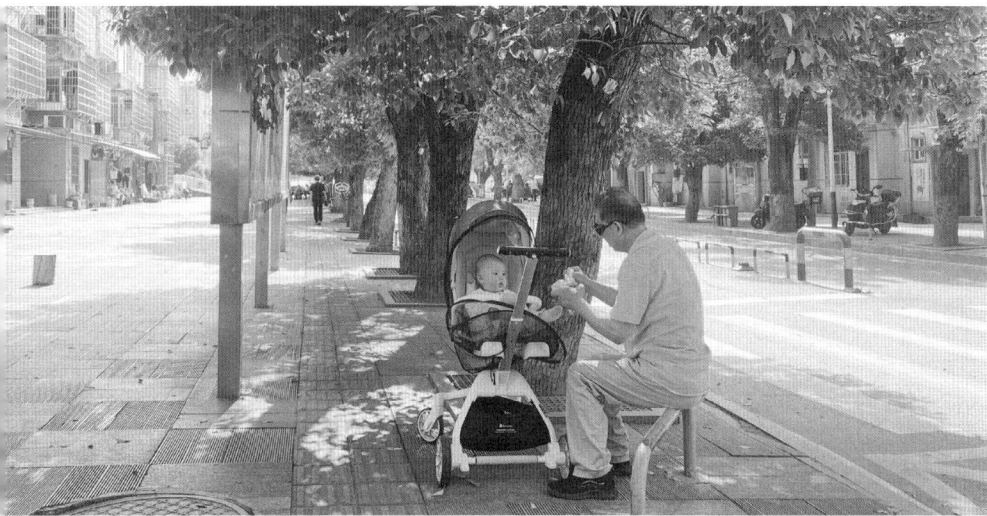

奇家岭街道学院路社区小区新面貌

"群英会"的成功让我们大受鼓舞。社区工作者感慨道：这就是最广泛、最真实、最管用的民主！此后，我们再遇到调解不下去的、劝导不成功的、宣传不见效的问题，就召开以事实为依据、以法律为准绳、以道德为支撑的老百姓多方发声的"群英会"。

因为行之有效，2017年以来，"群英断是非"工作法就这样在奇家岭街道各个社区铺开。在奇家岭街道奇家社区，就发生过这样一件事。

社区有一条路叫甘塘巷路，随着私家车的增多，这条路越来越堵，亟需拓宽提质。社区经过实地走访了解到，这条路不仅狭窄易堵，道路急转弯处还有两户居民的偏杂屋影响了车辆行驶，极易酿成车祸。社区工作人员拜访多次，但由于业主提出的补偿额度较高，商谈均以失败告终。

针对这一情况，社区党委决定采用"群英断是非"的办法。在"群英会"上，这两户业主与周边邻居、党员、社会贤达人士展开了充分的讨论，各自充分阐述了自己的理由。有的居民说"道路提质对我们大家都好，我也无偿让出了部分菜地"；有的说"偏杂屋的地是公共用地，但杂屋是你们自己做的，也有成本，可以适当补一点，但不能漫天要价"；还有几位老党员和贤达人士说"道路提质改造项目根据政策要求，没有征收方面的资金安排。但两家作

2024 年 5 月，社区工作者回访时，周边居民对道路提质改造工程表示认可

了贡献，我们来号召居民筹资捐款表扬你们，绝对不让你们吃亏"；社区网格员说"我提议将你们两户作为群众代表，参与到工程民主监督中来"。邻里真诚相劝，社区坦诚协商，两户居民说："能够站在我们的角度上考虑问题，这让我有面子也有里子，我们心服口服支持。"

有了"群英会"这个平台，居民不再只是问题的投诉者，而是成为解决问题的参与者、推动者。群众是真正的英雄，基层治理过程中，群众是受益主体也是工作主体，只有突出群众主体地位，让民作主甚至请民作主，才能激活基层民主活力，提高基层治理效能。

第五章

广东实践

让民主全链条、全方位、全覆盖

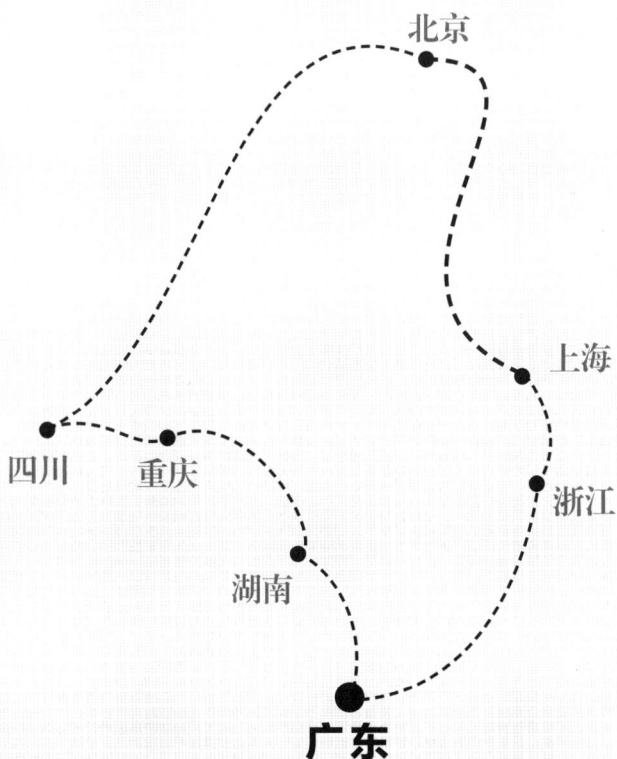

北京

上海

四川　重庆

浙江

湖南

广东

广东花都区：党群中心有温度有力度

今天我们来到广州的花都区，看看那里的党组织是怎么到群众中去听群众意见的。民主的一个很重要要素就是执政党的各级党组织能够始终保持同人民群众的密切联系，听取民声、集中民意。花都区创造了新的形式，就是每个月 10 号到党群中心去听群众意见。

我们现在去看看他们是怎么做的吧！

"10号工作室"：听"民声"，助"民生"，以基层民主促基层治理

中共广州市花都区委书记　邢翔

中共二十大报告指出，全过程人民民主是最广泛、最真实、最管用的民主。基层民主是全过程人民民主的重要体现。作为基层党员干部，我们一直在思考：如何把全过程人民民主的制度优势转化为基层治理效能？习近平总书记为我们指明了方向："要坚持'以百姓心为心'，倾听人民心声，汲取人民智慧，始终把实现好、维护好、发展好最广大人民根本利益作为一切工作的出发点和落脚点。"2022年2月，以每月10号为集中服务日，以"群众十分满意"为目标的"10号工作室"正式"开门营业"。按照问需于民、问计于民、问效于民的"三问"工作法，全区2100多名党代表、人大代表、政协委员（以下简称"驻室代表委员"）走进遍布全区各村、社区的271个"10

号工作室"，和老百姓坐在一条板凳上，拉家常、讲政策、听真话、办实事，在"零距离""面对面""心连心"的服务中逐渐形成全过程人民民主的"花都实践"。

我们坚持下沉一线问需于民，汇"小诉求"为"大清单"。

西横巷是花都区赤坭镇赤坭社区辖内的一条小巷子，由于路面没有进行硬底化，常出现"晴时飞尘雨时泥"的状况，周边村民出行不便、久为其苦。因道路两侧有村民种植的蔬菜瓜果、农房凸出占路，以及土地性质特殊、政策覆盖不到等问题，导致多方利益难以协调，修缮经费难于落实，路面硬底化一事一直悬而未决，这让住在附近的蒋阿姨等居民心里很不痛快。2022年2月10日，"10号工作室"首次活动，驻室代表委员走进赤坭社区党群服务中心，蒋阿姨盼来了"知心人"，西横巷路面硬底化被列上了"10号工作室"的"任务清单"。在驻室代表委员的指导督促下，镇和社区多方发力，多次深入群众，多番开展动员，终于推动村民、业主达成一致。3月10日，西横巷路面硬底化项目立项；5月19日，路面硬底化工程基本完工。从立项到竣工只用了短短两个月时间，居民从此告别了烂泥路，蒋阿姨的"烦心事"也彻底解决，为此，她还专门给"10号工作室"写来了一封情真意切的感谢信。

"10 号工作室"协调西横巷土路硬底化案例前后对比图

上之为政，得下之情则治，不得下之情则乱。习近平总书记强调："民主不是装饰品，不是用来做摆设的，而是要用来解决人民需要解决的问题的。""10 号工作室"就是在党委政府和广大群众之间架起一座"连心桥"，用接地气、聚人气的家常俚语主动打开群众的"话匣子"，主动听取他们的"牢骚话"和"弦外音"，把真实情况摸上来、典型问题提出来、困难诉求收上来，并通过不断地实践、不懈地努力，切实把"问题清单"变成"成效清单"，持续增强人民群众的幸福感、获得感。截至目前，驻室代表委员累计接待走访群众1万余人次，为群众办实事解难题4300余个。

我们坚持广开言路问计于民，变"土办法"成"金点子"。

花都区花山镇两龙南街紧邻花山市场，是至今还保留赶墟传统的百年墟市。每月"逢四逢九"的墟日，四面八方的群众一大早就自发前来赶集，人群熙熙攘攘，商品交易活跃。百十年来，两龙墟市一直都是当地群众生活交易、休闲娱乐的集聚地，但热闹繁华的背后，噪音扰民、垃圾堆积、排水堵塞、乱摆乱卖等"顽疾"也一直困扰着周边的老百姓。只能一关了之吗？群众的生活怎么办？摊贩的生计怎么办？驻室代表委员带着问题深入走访村社干部、沿街商户、流动摊贩等，通过逐户走访、调查问卷、代表座谈等方式就夜市升级改造广泛开展调研，认真听取群众意见，深入掌握群众诉求，把群众的"想法"变为解决问题的"办法"。如今的两龙夜市秩序井然、游人如织，摊铺鳞次栉比、商品琳琅满目、小吃香气扑鼻、灯光五彩缤纷……在这里，"烟火气"抚慰了人心，"人情味"凝聚了民心，百年墟市焕发出别样新活力！

　　虚心向人民群众学习是问计于民的关键。习近平总书记强调："在人民面前，我们永远都是小学生，必须自觉拜人民为师，向能者求教，向智者问策。"我们把"10号工作室"作为吸纳民意、汇集民智的平台，大伙儿在一起"七嘴八舌"式讨论，形成"逢10说事儿"的惯例，将群众创造的经验"干货"，有效转化成为民解忧的真招实策。2022年以来，驻室代表委员依托"10号工作室"广泛听民意、聚民智，形成近300件高质量提案建议，推动越来越多的民间"金点子"转化为基层治理"金钥匙"。

　　我们坚持对症下药问效于民，以"满意度"作"试金石"。

　　位于花都区花山镇境内的洛平中路全长1公里、路宽7米，常有大型货车和重载车辆飞驰而过，附近村民居住密集且有一所小学，老百姓对这条路存在的交通安全隐患忧心忡忡。针对群众诉求，驻室代表委员果断开展现场调研，并明确了设立货车禁行标志、加强对货车司机的教育处罚、强化对周边物流企业的宣传引导等多项举措，相关职能单位闻令而动、接诉即办。但由于警力有限，不能全时段执法，初期整治效果不明显，村民在办理反馈环节中亮起了不满意的"红牌"。驻室代表委员聚焦"解决真问题、问题真解决"目标，又一次迅速召开现场会，对事情原委进行"大起底",有针对性地提出完善限行公示手续、将限行情况报导航公司备案、增加减速带等"一揽子"解决方案,最终群众竖起的大拇指为此次事项办理画上了圆满的句号。

习近平总书记强调:"业绩好不好,要看群众实际感受,由群众来评判。"为民服务好不好、解题方向行不行,群众最有发言权。"10号工作室"坚持成果导向,把群众是否知晓、是否参与、是否认同、是否满意作为重要标尺,让群众变身"验收员""裁判员",确保"事事有回音,件件有着落",努力让民生服务更有"温度",民生福祉更有"质感"。截至目前,"10号工作室"共收到群众反映的问题建议4300余个,按时办结率近100%,群众满意度达100%。

新征程上,花都区将深入学习贯彻习近平新时代中国特色社会主义思想和中共二十大精神,持续完善"10号工作室"制度机制,推动党员干部更好地体现人民意志、保障人民权益、激发人民创造,让全过程人民民主在花都区落地生根、开花结果。

作为广州的北大门、广州北部增长极,花都区坐拥白云国际机场、广州北站,是通达全球的枢纽。花都区享有"汽车之都""中国音响之都""中国皮具之都""中国化妆品之都"等美誉，是前景广阔的智造之城。花都"三山一水六平原"，市民推窗见绿色、出门入公园，是宜居宜业的幸福之城。我们诚挚邀请大家走过路过时停下脚步，来花都体验诗意的湖光山色，感受市民的好客热情，共享无限的发展机遇。

广东广州：政协委员与民意零距离

　　在中国的政治构架中，人民代表大会是一个权力机关、立法机关，人民政协是一个专门协商的机构，是中国共产党和各党派、各界别政协委员共同协商的一个机构。政协委员是怎样到社会中去发挥自己的作用，同各个界别群众联系，把群众意见汇集起来再反映给党和政府呢？

　　我们现在去看看广州的一个政协委员工作室——曹志伟工作室。

委员工作室：民心连起来，履职"活起来"

广东省政协常委、曹志伟工作室创始人　曹志伟

我是广东省政协常委、曹志伟工作室创始人曹志伟。曹志伟工作室是全国首批由委员个人成立的委员工作室。

自 2012 年成立至今，曹志伟工作室积极践行全过程人民民主，发挥政协委员界别代表性强、贴近基层的优势，向党委和政府建言献策，为群众解决痛点、难点问题。其中，反映"办证难"并引发全国居民办证制度改革的"人在证途"课题就是我们政协委员实现民有所呼、我有所应的典型案例。

2013 年 8 月，有市民打电话给我说："曹委员你协助解决了那么多的民生问题，什么时候也关注一下我们老百姓'办证难'的问题？我妻子是外地人，像我们生孩子要来回跑老家办证明很耗时耗力！"这直接促使我关注到办证问题。

　　明确了这个主题后，我通过线上征集的方式公开发布了这个课题，邀请市民群众反映他们对于办证的感受和建议。让我意想不到的是，短短几天，来信和留言高达6000多条，社会关注度极高。为此，我们梳理了集中反映的问题：证件功能单一且数量多、办证地点分散、办证材料重复提交等。但一生中要办的证件到底有多少个？每个证件需要什么材料？办理耗费多长时间？这些问题大家都没有概念。要跨过"办证难""办证多"这条河，我们先得探探这水有多深。

　　说干就干！我带领委员工作室立刻组织了19人的大学生志愿者团队。经过4个多月的调查，通过打政府部门的咨询电话、查看政府部门官网、实地暗访、亲自办证等各种方式搜集到了400多个证件。在这个过程中，很多市民群众知道我们要做这个"大课题"，还特地贡献了自己曾经办理过的各种证件。同时，在市民群众的支持和帮助下，团队成员还搜集了每个证件办理需要提交的材料、审批的前置条件、审批流程、审批时长、收费项目和年审要求等。

　　在形成初稿后，我们又结合群众的建议，逐步将一些具备地区特点的、办理人数少的、鲜为人知的证件剔除。经过数十稿的修改、讨论，我们最终保留了老百姓常见的、覆盖人数约逾3000万的103个证件。在调研过程中，我们了解到，人民群众最希望的是一个证件能集合所有的功能，同时简化办证程序和压缩办证时间，甚至是可以线上办、手机办。结合人民群众的呼声，我们最终形成了《关于打破行政管理壁垒，改革公民信息服务管理方式，建立公民信息大数据库网、构建现代化治理体系、"一证全国行"的建议》提案。

提案在广州市两会上一经提出，就得到了中央电视台连续多日的专题报道，引发了从中央到地方党委与政府的重视，从而开启了自上而下的居民办证制度改革。从2014年到2024年的十年，各级政府部门逐渐从"要群众办证"转变为"为群众办证"，回应人民群众所盼、所想，各地陆续出台了非常多的便民措施，例如广东省的"粤省事"小程序，它集合了很多证件功能，在手机里就可以展示很多证件信息，而且已有500多项政务服务实现了手机办；同时，居民办证也越来越便捷、简单和高效，数字政府的服务极大便利了人民群众的工作和生活，赢得了民心。

另一个曹志伟工作室集民智、汇民意的案例就是推动广州大桥拓宽工程的落地。广州大桥在2017年前一直都是广州的堵点，让途经的市民"闻桥色变"。但实际上，广州市政府一直都有大桥拓宽工程的方案和计划。由于周边居民的反对，该项目十年都无法落地。一方面是市民和政府都迫切希望广州大桥能完成拓宽，另一方面是周边居民担心大桥拓宽后的噪音问题。无论哪一方的意见都不能忽视。于是，我们尝试着寻找一个解决问题的双全之法。

在走访周边居民时，让我印象最深刻的是有一位住在桥边的阿姨，她说她也知道广州大桥拓宽后的好处，但她的顾虑是，如果她的同意换来的是自己未来不得安眠，那时谁又来考虑她的感受？此外，还有居民担心大桥拓宽后对居民楼的安全会产生威胁。

为了解决这些问题，在政府有关部门的支持下，我们组织了专家、市民和周边居民坐在一起，磋商解决方案。有市民提出可以为周边居民免费安装降噪玻璃；还有的提出可以深入论证大桥拓宽后共振对楼体产生的影响、增加试验论证等。大家你一言我一语，虽然偶有言语冲撞，但更多的是为完善方案而努力。

同时，大家在磋商中互相理解、达成共识，推动方案的不断完善和优化。

最后，"政府给周边居民增加环保隔音窗；施工过程增加降噪措施，并控制好施工时间；政府部门提供大桥拓宽后不会对居民楼安全产生不利影响的结果报告"等"一揽子"降噪方案获得了周边居民的认可，广州大桥拓宽工程方案以民主投票的方式表决通过。2017年6月，拓宽后的广州大桥正式通车。大桥通畅了，市民出行更加便利

通过民主投票的方式，让广州大桥的拓宽工程落地实施

了，周边居民担心的问题也没有出现，获得了市民和周边居民们的称赞！

2021年7月，曹志伟工作室获得首届"杰出委员工作室"的荣誉称号，这是百姓和政府对我们工作的肯定，对我来说是鼓励、是鞭策，更是前行的动力。

曹志伟工作室是全国众多委员工作室的缩影。委员工作室的建设不仅推动了政协工作向基层延伸，还通过解决一件件民生实事，让委员履职活动有热度、有温度，真实演绎了全过程人民民主的生动实践。

广东大沙街：基层治理新路径

　　中国的民主不仅重视国家社会、经济等方面的治理，还十分重视基层，也就是人民群众生活的街道、社区的民主。广州有个街道叫大沙街道，他们那里创造了一种工作方法，能够让人民群众的一些问题通过民主方式来解决，给基层老百姓带来实实在在的好处。

　　我们一起去看看！

"七步工作法"：听民声，定民生

广东省广州市黄埔区大沙街道大沙北社区党总支书记、居委会主任　龙玮琪

　　大沙街道大沙北社区属于黄埔老城区，辖内 11 个小区的居民以长者居多，60 岁以上老人占社区常住人口的 25.2%。老旧小区因为楼层较高没有电梯，给老人们的日常出行带来了诸多不便。每当外出上下楼时，一些老年人和行动不便的居民都要劳师动众、大费周章。辖区怡德苑小区有几位长期患病、体弱的老人甚至长达几年没有下过楼，加装电梯成了他们迫切的愿望。

　　为了早日装上电梯，解决居民爬楼难的问题成了大沙北社区的头等大事。说干就干，实施起来却并不容易。我记得辖区怡德苑小区加装电梯的消息一公开，社区很多居民过来咨询和反映诉求。有的担心加装电梯会影响通风采

光，有的担心会有噪音污染，有的担心加装电梯的空间问题，有的担心费用分摊是否合理。"请大家放心，咱们居民的事，由居民一起商量着办！"面对居民的焦虑，我大声回应，先给街坊们吃下定心丸。

加装电梯的筹备工作紧锣密鼓地开始了，我召集居民推选楼栋长，并邀请懂电梯加装的技术人员以及党员志愿者、热心居民组成各自楼栋电梯加装筹备小组。接着，带领筹备小组在小区入户走访、问卷调查、现场摆摊，逐家逐户摸清居民需求，找到问题症结。特别是对于低层住户普遍担心的加装电梯会影响采光、产生噪音等问题，我们社区和每栋楼的电梯加装筹备小组一起，去周边已有加装电梯经验的小区参观，亲自感受加装后的电梯长廊到墙面的距离，低层住户家中通风采光、噪声影响等情况，并通过拍照、视频记录实景，在居民微信群中上传分享，排除大家的担忧。

接着，我们积极协调配合街道党工委、住建局、规自局等职能部门工作，召开政策现场咨询会、方案说明会等各种会议，认真征求群众意见，听取群众需求。在上级职能部门的统筹和指导下，决定根据居民的需求，启动成片连片加装电梯规划设计方案的编制工作。怡德苑小区成为黄埔区首个成片连片加装电梯规划的试点小区。"那段时间，小区的群聊热火朝天，居民们也经常串门聊天。大家都知道，加装电梯不是一个人说了算的，是要全栋楼的人说了才算，都要仔细问过每个楼层居民的看法，反复沟通才行。"怡德苑小区82岁的老党员王伟然到处和邻居宣传。

就在工作热火朝天推进时，有一天，怡德苑小区165号一、二楼低层住户找到我，坚决反对加装电梯，说加装电梯会影响房屋安全性，占用公共面积，而且还会造成低层下水道堵塞更加严重。低层住户情绪激动，沟通一度陷入僵局。

我连夜和筹备小组开会商量，大家沉住气，想法子。在接下来的一周，我们马不停蹄到各自楼层找其他住户商量。经过一番的努力，三楼以上的住户一致同意自愿出资为整栋楼更换新的排污管道，解决低层住户下水管道堵塞的问题，而且高层住户主动提出给一楼每户3万的补偿，二楼每户1万补偿。低楼层反对加装电梯的住户没想到我们这么重视他们的诉求，被我们的诚意深深感动，终于同意加装电梯。"龙书记，加装成功后，我们的邻里关系更和谐了。802房知道我年纪大腿脚不灵便，经常去市场帮我带菜回来。"家住二楼的刘阿姨高兴地说道。还有101房的小孩读高中，那天602房特意把自己儿子刚高考完的

老旧小区加装电梯，让居民群众更有获得感、幸福感

复习资料送过去，101房可感动了！

经过一年多的努力，大沙北社区共成功加装电梯32台，解决了1500多户、500多位老人、120多位弱势群体出行难和爬楼难的问题。加装电梯不容易，但是我们社区通过发扬民主、倾听群众声音的工作方法，让不容易的事变成现实。在基层社区工作实践中，我们逐步总结出协商共治模式，推行"收集议题—确定议题—议前调研—议事协商—公开公示—跟踪落实—群众评价"七步流程，制定协商议事规则，确保居民可以充分表达意见，实现从"为

民作主"到"由民作主"、从"做群众工作"到"群众一起做工作"的转变。通过民主协商，依靠人民群众的智慧，不仅妥善解决老旧小区出行难的问题，还解决了小区微改造、电动自行车充电桩安装、停车困难等诸多问题，充分展现了最广泛、最真实、最管用的全过程人民民主的强大生命力。

广东多宝街：百姓参与老街改造

在中国，民主和民生是结合在一起的，也就是说，不是为民主而民主，民主最后要体现在民生上，让人民群众得到实惠。我们一起去广州的多宝街道，看看他们是怎么通过民主让老百姓想解决的问题都能得到解决，使民生得到改善的。

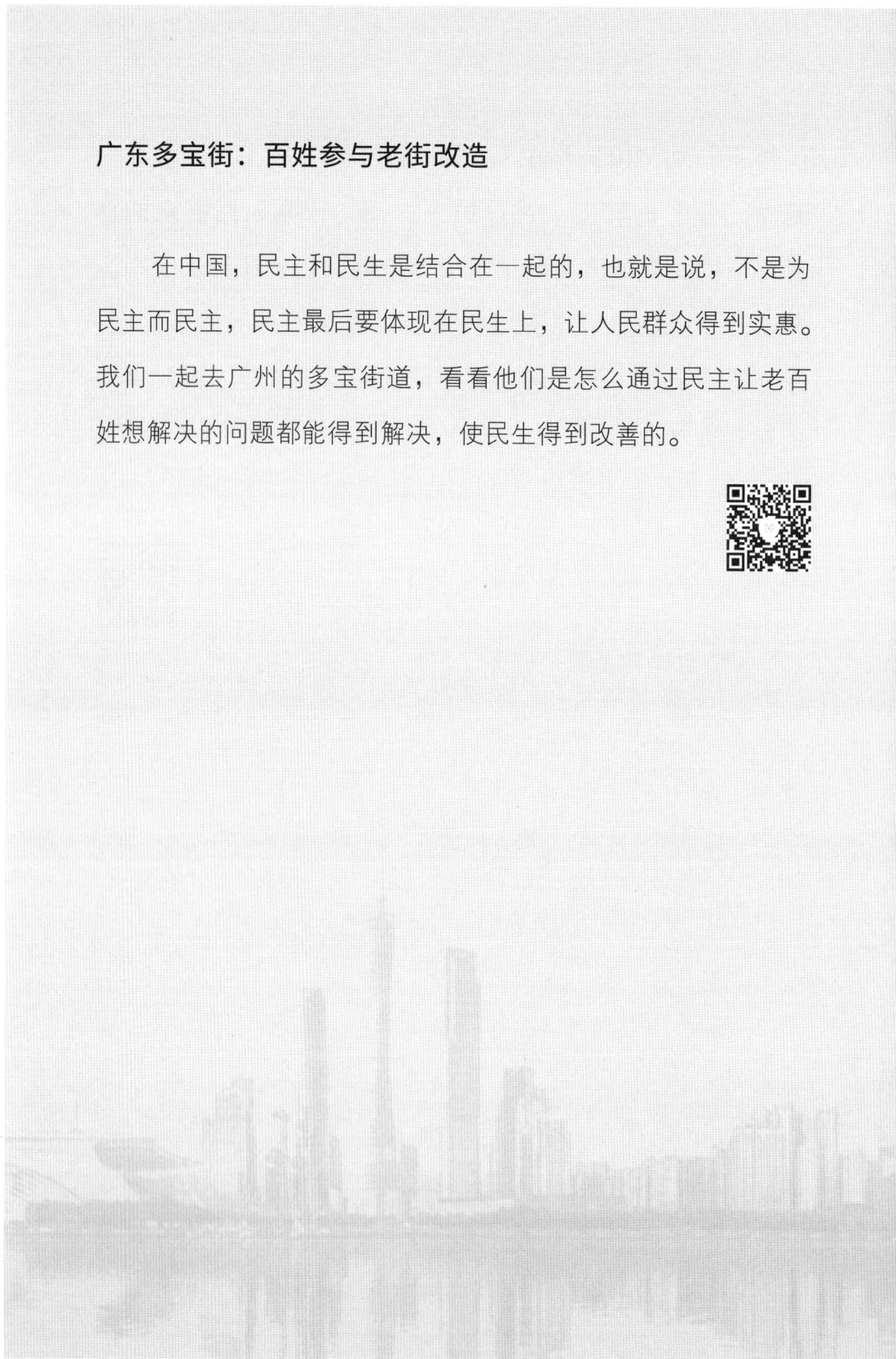

老街坊共建"缔造委员会"，古街改造不离乡土不离情

广东省广州市荔湾区多宝街道办事处副主任　刘茜

　　广州市西关永庆坊有广州保存最为完整的骑楼建筑群和中西合璧风格的民国建筑，具有厚重的历史文化积淀。对生于此、长于此的永庆坊社区街坊们而言，这里是他们的故乡，是承载他们"乡愁"的地方。面对社区改造，如何改进人民心里，如何能在保留永庆坊特色的同时让永庆坊焕发生机，是我们首要解决的问题。经过思考，我们得出的结论是：问需于民，更要还需于民。

　　为此，多宝街道创新建立多主体的共同缔造平台。我们邀请了业主、居民、设计师、专家顾问、"两代表一委员"等30余人成立广州首个社区改造公众参与平台——恩宁路共同缔造委员会。按照"走留自愿、集中改造"原则，邀请委员全程深度参与制定搬迁政策、改造方案、利

益协调及相关工作机制等各项环节中。

正因有共同缔造委员会的参与，当改造遇到问题，我们也能第一时间了解群众意见，并及时解决。还记得改造前期，我们就曾因为施工安全管理及夜间施工管控问题召集过委员召开会议。会议中，委员会委员、荔湾区更新局、华南理工大学专家、万恩公司、媒体、居民等各方代表到场并对永庆坊夜间噪声管控问题进行讨论并达成共识，明确了万恩公司应按夜间施工的有关规定进行施工，并做好施工围墙隔离、增加卸货工程机械、铺设缓冲垫、指导员工文明装卸等技术措施，尽量减少噪声污染。同时，万恩公司也制定了相关的管理规定，约束好施工单位，做好工地巡查工作，安排专人对微信交流群里反映的违规行为进行督查核实，并回复处理结果。另外，更新中心也会定期检查，履行好对工程实施方的监督责任，并安排专人协调解决居民反映的问题。"群众有需求，我们有回应"，这也为我们的改造开了一个好头。

当然，要做好城市更新改造，必须充分保障居民群众的知情权、参与权、选择权。我们通过上门走访、民主协商和多方论证，广泛倾听民声、征集民意、汇聚民智，达成改造更新的最大公约数，敲定了"修旧如旧、建新如故"的微改造方案，确立了"政府主导、市场运作、居民参与"的改造模式，实现了改善人居环境和保留历史文化、消除破败与留下记忆的完美结合。

记得大地新街 2-1、2 号，钟巷 35 号，以及吉祥坊 2 号等历史建筑修缮时，媒体、业界人士、居民都有不同诉求的表达，为此，我们专门召开了恩宁路共同缔造委员会会议，详细地向各位委员介绍了房屋改造方案，并出具了房屋鉴定报告，补充介绍修缮方案的设计考量与依据。此外，我们充分征求了各位委员对改造方案的意见，在此基础上形成了最终改造方案。同时，按照历史建筑的保护维修程序和要求报建、施工，尽可能保留历史建筑核心要素。如今，我们在永庆坊看到的历史建筑，其实都是"共同缔造"的结晶。

在改造过程中，多宝街道办事处所围绕的中心从始至终都是"人民"。对于改造，我们要有商有量，面对居民需求，我们也要及时解决。改造期间，我们坚持"众人的事情由众人商量"，通过建立居民诉求清单销案机制，深入开展入户调查，逐户登记诉求建议，通过面对面商议落实"一户一策"解决方案；坚持重大问题集体讨论制度，在规划、设计、建设、运营、维护、管理等各个环节，组织共同缔造委员会集体讨论 40 余场，收集采纳群众意见 1500 多条，征询采纳历史文化保护、建筑设计等领域

打造全过程人民民主实践高地，让街区改造改进人民心里

专业建议 38 份。

目前，多宝街道历史文化街区的改造仍在继续。未来，我们也将继续贯彻落实"人民城市人民建"的理念，打造全过程人民民主实践高地，让街区改造改进人民心里，让人民在崭新且充满回忆的历史街区中，享受到更贴心的服务和更舒适的环境。

广东广州：社情民意一键达

我们大家都知道，民主有一个重要形式，就是通过选举选出自己的代表去参加立法、参加国家的治理。那么有个问题，选出来的代表是不是能够真正的、真实的反映民意？

中国这几年在探索怎么解决这个问题，所以在各个地方都建立了人大代表之家或者人大代表联系点，选出来的人民代表能够直接和人民群众联系，反映人民群众心声。广州市又创新了形式——人大代表可以用手机随手拍下他们看到的一些不满意的现象，直接反映给有关部门解决。

大家跟我一起去看看广州市的"随手拍"吧！

群众"码上说"，代表"随手拍"，政府"马上办"

广州市人大代表　徐嵩

作为一名履职多年的来自基层的广州市人大代表，我切身感受到全过程人民民主的广州实践。其中，既有群众、人大代表和政府在科技赋能下的顺畅联动，又有充满民意的立法过程，构成了民主在广州靓丽的风景线。

在广州，人大代表履职一直有个好帮手——代表联络站，这是我们人大代表与群众面对面沟通的地方。代表们定期会进联络站接待群众，群众会向人大代表反映问题。代表们接收到了问题后，就会去履行职责，推动政府职能部门解决问题。

而现在，广州市人大常委会又有了两个创新举措。一是开发了代表"随手拍"小程序，代表们可以随时随地把发现的问题通过"随手拍"上传，行权履职；二是在全省

人大代表在代表联络站接待群众

　　率先对全市 604 个人大代表联络站"编号赋码",赋予每个代表联络站一个编号、一个二维码,群众只要扫一扫所在社区代表联络站的二维码,就能随时找代表反映问题、提意见。

　　早前有群众通过扫码反映天河区员村街道某社区乱停车现象严重,给附近学校小朋友上下学带来安全隐患。我在手机的人大代表履职小程序上收到这条情况反映,便直奔现场去看看究竟,果然,现场的确有很多乱停乱放的汽车。我立即拿出手机拍了现场图片,上传到代表"随手拍"小程序上，并附上具体定位。第二天，我就收到了交警支队的电话，向我解释了造成乱停乱放的原因，也希望与代表共同协商寻找解决方案。于是，我和天河区人大、街道、居委、部分居民以及交警共同到达现场，大家集思广益，从增设违停拍摄警示牌、交警和属地派出所加密巡查频次等方面，共同做出解决方案。很快，这些乱停乱放现象得到了很大改观，孩子们上学放学更安全了，家长们看到扫码也能解决问题，都表示："群众'码上说'、代表'随手拍'、政府'马上办'真的高效有力，必须点赞！"

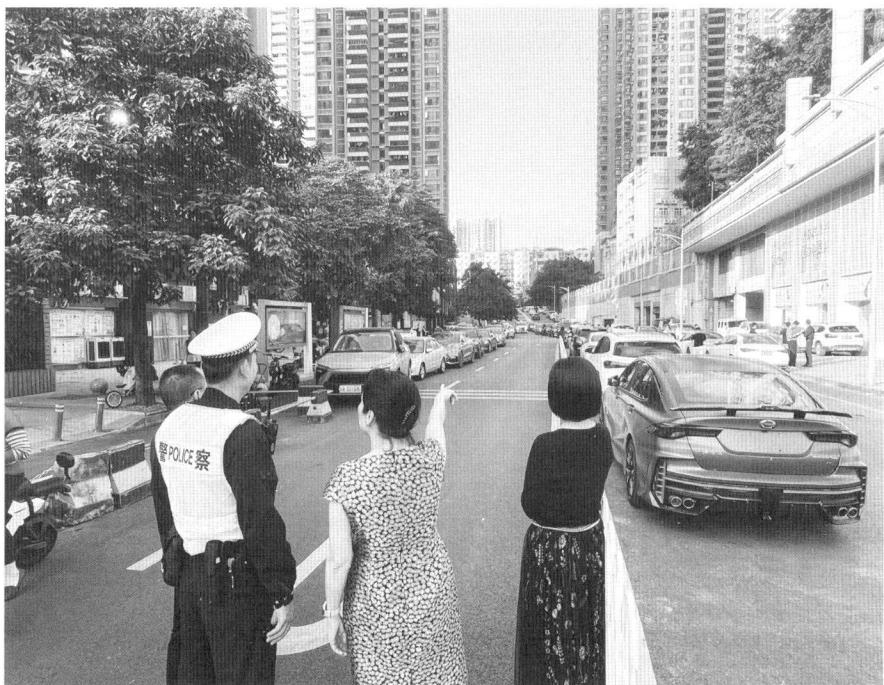

代表"随手拍"推动解决了一批街坊急难愁盼问题

类似这样的事情有很多，"码上说，马上办""随手拍"等创新举措"小、快、灵"地推动解决了交通安全、电动自行车管理等一批街坊急难愁盼问题，让人大代表与群众的关系更密切了，让全过程人民民主在广州越来越可知可感。"码上说，马上办"和"随手拍"，已成为广州人大创新发展全过程人民民主的闪亮"名片"。

除了科技赋能人大代表行权履职的新举措，充满了民意的立法过程也是广州全过程人民民主的新亮点。

我一直关注孩子的教育和身心健康，留意到有些孩子在成长过程中，由于各种原因，可能会出现或多或少的心理问题。那是不是应该有一个针对性的法规来保障和促进中小学生的心理健康呢？我和三十几位代表一拍即合，提出了立法建议。

立法必须有充分调研，《促进中小学生心理健康大家谈》这期羊城论坛便应运而生。《全过程人民民主进行时·羊城论坛》是广州一个独特的问政平台，30多年来从未间断。主持人根据我们的前期调研，抛出问题，人大代表、心理专家、职能部门负责人、家长、老师、学生、热心市民等一如既往地踊跃举手发言，展开热烈讨论。

经过这些最真实的观点碰撞，我们进一步厘清了思路，找到了立法的切入点。目前该条例已进入市人大审议程序，预计 2024 年有望通过，并成为全国首部针对在校青少年心理健康的地方立法。

这一次的立法故事只是广州立法进程中全过程人民民主生动实践的一个缩影。同时，广州市人大还运用基层立法联系点、"广州人大 i 履职"平台等载体，采用实地调研、座谈会、问卷调查、论证会等形式，广泛征求意见，力求在立法前、立法中、立法后都能最充分地征求社会各方面的意见建议，使每部法规都装满民意。广州市《传统风貌建筑保护规定》《野生动物放生管理规定》《青年创新创业促进条例》《快递条例》等，都受到全国人大、国家有关部门的充分肯定，也受到媒体和人民群众的广泛认可，生动诠释了以人民为中心的理念。

习近平总书记说："民主不是装饰品，不是用来做摆设的，而是要用来解决人民需要解决的问题的。"广州人大工作的实践证明："中国特色社会主义民主政治制度，是根植于中国历史文化、符合中国国情、解决中国问题的真实有效管用的民主。"

广东广州：企业担社会之责，献务实之策

　　我们了解了在民主实践中，政府怎么代表人民、依靠人民、为人民办实事。那么企业是不是也要承担起帮人民解决问题的责任？企业内部要实行民主，就要建立职工代表大会制度，同时，企业也要承担起社会责任，为社会、为人民群众提供方便。我们现在到的地方是广州的污水厂，这里本来是令周边老百姓感到很不舒服的地方，现在企业把污水厂改造成一个大花园，成为老百姓喜欢的地方。

　　我们一起去看一看吧！

在看不见的"污水厂"能看见什么？

广州水投集团净水公司党委书记、董事长　孙伟

　　沥滘净水厂，是广州鸟语花香的"网红"打卡点，它可能会颠覆人们对于净水厂"脏乱差"的传统印象。

　　"厂区环境美得像公园一样，想不到这里是处理生活

像沥滘这样的净水厂，目前在广州市中心城区已有 9 座

污水的地方。"这是一位市民参观后说的一句话。在接待过程中我们常常要回答"污水在哪里"这样的疑问，因为在这座净水厂区内，能看到的是鱼翔浅底、白鹭翩翩，却独独不见废水污水，是市民眼中"看不见"的污水厂。

截至目前，以沥滘厂为代表的生态化地埋式净水厂已先后接待社会团体、市民群众参观超10万人次。除了感官上的愉悦外，在这座"看不见"的污水厂里，我们更要向普通市民、向全社会甚至是全世界呈现一种始终以人民为中心的理念。

在污水厂的建造过程中，我们心里始终装着人民，采取了地下建厂、地上建园的地埋式净水厂建设运行模式，既在地下有效地实现了全封闭污水处理的功能，又在地面上实现了与周边自然环境融合一体，努力实现人与自然和谐共生。

建设污水处理基础设施，不可避免地会遇到诸如阻挠施工等"邻避"难题。如何让"邻避"变成"邻利"，地埋式净水厂模式给出的答案就是充分让市民参与决策。

例如，在建设启动前期，积极向市民解释宣传，争取居民的理解和支持；在建设过程中，充分考虑市民的需求，将"保进度"与"安民生"同步落实。正是在保障市民充分表达意见并积极吸纳合理建议的基础上，才实现了周边居民零投诉、零上访、零建设阻挠、零负面舆情。这其中有效的"法宝"就是保障市民的知情权和参与权。

让市民知晓并且能充分表达意见，反馈意见，我们充分地吸纳意见，这就是民主的过程。

听民声、晓民意，以建设地埋式净水厂造福人民，就是要把"民生工程"做成"民心工程"，让老百姓的幸福生活能"锦上添花"。

关于沥滘净水厂有一个动人的小故事。某次在参观之后，有位市民建议我们可以在净水厂建立植物科普基地，

2023年4月24日，位于广州市海珠区的沥滘净水厂

开辟中小学生第二课堂场地。这样的建议对我们而言既是肯定，也是督促。如今，我们已经根据市民的建议建成了广东省环境教育基地，真正让市民感受到他们的合理建议是有效的、管用的。

我们的民主，更体现在主动接受人民群众的监督。通过建设环保科普基地、大学生实践教育基地，举办媒体记者、研学团体走进净水厂等系列参观采访，让大家零距离看到生活污水由"污"至"净"的过程，尤其我们还聘请了水质监督员，将人民群众的监督意见落到实处。

畅通群众的参与渠道，提升群众的参与意愿，主动接受群众的监督，从"民声"出发，倾听"民意"，赢得"民心"，这个过程中所表现出来的民主，就是全过程人民民主。

地埋式净水厂作为"双碳"时代绿美广州、绿美广东建设的新名片，成为2023年广东首个全国生态日宣传活动的举办地，我们也借此向全社会积极传播"人与自然和谐共生"的生态文明理念。

近年来，以展示广州地埋式净水厂创新成果为主题的中英双语全媒体新闻报道在中国政府网、新华网等近10个中英文平台联动刊发，我们也先后接待过塞浦路斯媒体采访团、丹麦驻华使馆访问团以及来自24个国家驻穗领事馆的领事官员，他们都对地埋式净水厂模式赞不绝口，并表示希望在本国引进地埋式净水厂建设运营理念和技术。

人民需要什么样的净水厂，我们就建设好什么样的净水厂。像沥滘这样的净水厂，目前在广州市中心城区就有9座。净水厂从"万人嫌"变身"市民好邻居"，不仅凝聚着人民群众的智慧，更需要执政者在规划建设时就坚持人民至上，做到想深一层、多做一步。正如香港特别行政区行政长官李家超参观后所说："来到这里，我觉得在让老百姓觉得幸福、觉得受到政府照顾这一点上，他们做得很成功，我也非常敬佩。"

实现民主的方式有很多，哪种最适合、最管用，最有发言权的还是群众。地埋式净水厂，看不见的是污水，看得见的是清水；看不见的是工厂，看得见的是花园；看不见的是优质服务背后点点滴滴的付出，看得见的是人民群众更实在、更直接的获得感、幸福感。

在看不见的"污水厂"，看见的更是全过程人民民主在基层最鲜活的实践。

第六章

潮涌浙江

做最真实、最管用的民主

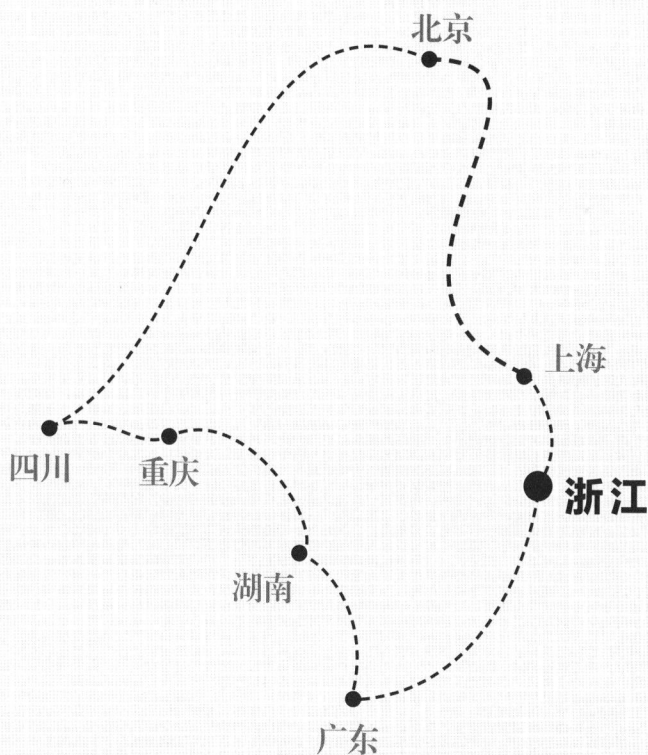

北京

上海

浙江

四川　重庆

湖南

广东

浙江枫源村：矛盾纠纷不出村

中国有个很有影响力的地方，那就是浙江省诸暨市枫桥镇，"枫桥经验"在这里产生，这是毛泽东主席在世时肯定过的经验。习近平总书记在浙江工作时也推广"枫桥经验"，现在我们全国各地都在学习。"枫桥经验"是指居民的矛盾在居民间解决，矛盾不上交。现在，枫桥镇进一步发展了这个经验，就是运用"三上三下三公开"来解决老百姓遇到的那些问题。这是我们基层民主——全过程人民民主的一个新创造。

创新"三事分议"，扎实推进全过程人民民主

浙江省诸暨市枫源村党委书记、村委会主任　骆根土

　　浙江省诸暨市枫桥镇枫源村是"枫桥经验"的发源地。

　　枫源村是 2006 年由大竺、大悟和泰山 3 个自然村合并而成的，全村有 618 户，1766 人，其中党员 120 名。枫源村的"源"字有三层含义：一是经验之源，枫源村是"枫桥经验"的发源地之一；二是江河源头，枫源村为枫桥母亲河枫溪的源头；三是自然资源，枫源村蕴藏有丰富的高岭土资源。

　　枫源村合并初期，由于自然村观念比较强，各村有各村的想法，意见难以统一，事情难以办理。后来，枫源村探索出了一条"路"，即"三事分议"民主协商机制，这既是诸多村事必经的流程之路，也是实现 18 年来"群众

航拍"枫桥经验"发源地之一——浙江省诸暨市枫桥镇枫源村靓丽风景，田地中绘出"三上三下 民主治村"字样

零闹事、干部零违纪、百姓零刑事、全村零事故"和谐村风的"平安之路"。"三事分议"作为枫源村的治村法宝，主要创新探索了三个方面的内容：重大事务"三上三下"、

日常事务"问议办评"、应急事项"即时即议",从而实现民事民议、民事民办、民事民管,真正让群众当家作主。这三方面各有特点,又相互联系,构成了枫源村全过程人民民主的治村理念。

重大事务"三上三下"。"三上三下、民主法治"这八个字是枫源首创，是"村级自治"的法宝，也是省委提出的"五议两公开"的枫桥版。针对村集体经济发展、村庄建设规划等涉及群众利益的重大事项，实行"三上三下三公开"，即：收集议题环节"一上一下"——群众意见上，干部征求下；酝酿方案环节"二上二下"——初步方案上，民主恳谈下；审议决策环节"三上三下"——党员审议上，代表决策下。如在制定每年的年度目标任务规划时，我们就要按照重大事务"三上三下"原则展开。"一上一下"：村两委干部及网格员分组入户走访，收集意见建议；"二上

枫源村召开"三上三下"会议

二下"：将收集的意见建议整理汇总后提出初步方案，邀请镇农办、设计建设单位、村两委、村监委、村民代表、党员代表等有关人员参与党员议事会和民主恳谈会，对方案和群众的问题等开展进一步议事协商，方案更加完善；"三上三下"：方案在党员大会、村民代表大会上无记名表决通过，并将最终表决结果、施工方案及测评结果在公示栏公开，接受群众的监督。"三上三下三公开"能够做到表决结果当场公开、实施方案及时公开、实施进度和满意度测评情况及时公开，真正实现群众全程参与，民主协商全程体现，决策实施全程公开。实施"三上三下三公开"以来，枫源村 73 项村级工程群众满意率 100%。

日常事务"问议办评"。针对涉及人数、程序较少的日常事务，我们采用"问议办评四事法"。一是定期问事，我们定每个月的 12 日作为定期问事的日期，选择这个日期是因为在枫桥的方言里，1 是要，2 是议，1212 就是要议要议的意思；二是开放议事，每月 12 日，村两委、网格员、监委会、反映问题的村民齐聚，有事情当场商议决定；三是规范办事，就是按照流程规范办理；四是民主评事，事项完成后在下一个会议上邀请反映问题的村民参会评论。比如，有村民在议事会上反映，他本人是住在泰山自然村，到村爱心食堂就餐距离很远，十分不便，特别是腿脚不便的老人的餐食由他来代领，天气稍冷一点，饭菜送上门就凉了。经过讨论，情况确实存在，爱心食堂本来就是为了方便老年人用餐，让老年人更安心、更方便。基于此，村委会决定在其他两个自然村设置爱心食堂助餐点，由志愿者统一配送，保证饭菜的最佳口感。会议后，当即落实设立助餐点，在下一次12日的会上邀请反映问题的村民开展评价，获得了极高的认同。"问议办评四事法"的应用有助于形成闭环式管理，把不稳定因素遏制于未发，矛盾化解在萌芽状态。

枫源村泰山自然村，志愿者为腿脚不便的老人上门送餐

应急事项"即时即议"。针对自然灾害、事故灾难、公共卫生事件等突发事件，枫源村创新探索"政务110"镇村联动机制，第一时间向枫桥镇党委报备后，立即组织村监委会成员、村民代表、在村党员商议，做到议、决、处"三即时"，处置结果向全体村民公开。比如在2022年8月，因连续强降雨，村白水溪东山下段堤坝出现部分塌方，村里向镇紧急提交事项，并在当日的村级监察议事会上集体商议通过方案，修复工作立即启动。从方案设计到工程推进，在一周内完成了堤坝的抢修工作。

"三事分议"民主决策机制杜绝了以前干部说了算、群众不知道的现象，广泛汲群众之源、聚群众之慧，真正做到了让群众明白，从而保证干部清白，将不稳定因素遏制于未发、解决于萌芽，化解了群众与干部之间的矛盾，最终实现群众不闹事、干部不出事，确保"小事不出村、大事不出镇、矛盾不上交"，真正实现"为之于未有，治之于未乱，防患于未然"。如今的枫源村，已成为全国先进基层党组织、全国村级议事协商创新实验试点行政村、浙江省民主法治村、浙江省未来乡村。

浙江南湖：群众管好政府"钱袋子"

让我们一起到浙江省嘉兴市南湖区，这是一个非常特殊的地方。1921 年，中国共产党第一次全国代表大会在上海召开，会议临近结束时因被暗探干扰转移到浙江嘉兴的南湖，在游船上开完，所以这里又被称为红船的启航地。这个南湖区现在是中国的全国人民代表大会常委会预算工委基层联系点。

全国人大常委会预算工委管什么？管的就是对政府财政收支进行审议。南湖区联系点每次在审议政府财政收支情况的时候，就让他们的人民代表、群众先审议。用他们的话说，"是我们老百姓来管政府的钱袋子"。因为这么一个重要的渊源，他们现在不仅仅审财政，而且还建立了数字化的民主体系，让老百姓对政府的意见和建议能够通过数字化的渠道反映，同时又通过数字化网络来监督政府的财政收支和其他方面的行为。所以就像老百姓说的："数字赋能人民民主。"

大家跟我去看看！

数字赋能让人民民主更加生动

　　大家好，我是来自浙江省嘉兴市南湖区的邵潘锋。2003 年，时任浙江省委书记的习近平同志前瞻性作出"数字浙江"建设决策，将其纳入"八八战略"重要内容来推进，开启了一场勇立潮头的数字变革实践。

　　嘉兴南湖是中国革命红船启航地，在这里，数字技术正深度融入经济社会发展各领域全过程：2023 年，全区GDP 达 1001.92 亿元，首次突破千亿元大关，数字经济综合评价连续四年跻身全省十强，正成为经济社会高质量发展的重要引擎。在数字化改革的大潮中，南湖区始终秉持以"首创、奋斗、奉献"为内涵的红船精神，积极探索数字技术赋能全过程人民民主的新路径。

　　我们紧紧抓住南湖区人大常委会作为全国人大常委会

预算工委基层联系点的契机，区委加强了对区人大工作的领导，支持区人大打造了一系列数字化"硬核"成果，将全过程人民民主重大理念具体地、现实地贯穿到经济社会发展的过程中，积极回应人民群众对美好生活的向往，为生活"加温"，为幸福"加码"。

数字便民，民众参与"一键直达"。2022年12月，南湖区中心医院建设分院，突破重重困难，终于开工建设。街道的老百姓对这所医院的建设盼望已久，但由于地处市中心，空间有限是老城区的硬伤，在选址、产权、实施等方面屡屡碰壁。项目推进的困难和老百姓的担忧一一呈现在数字化平台上：比如新医院不能影响周边房屋采光，施工过程中要避免扬尘、噪音影响居民生活，等等。老百姓的意见通过人大数字化平台反映后，引起了区委的高度重视，我们立即把这个项目列为区领导牵头破难攻坚项目，并指导街道、社区召开居民恳谈会，答复居民疑虑，并给出合理的解决方案，最终，该项目得以顺利实施。基层医疗卫生机构是守护群众健康的"第一道防线"，也是群众就医看病的"最后一公里"。"民有所呼，我有所应"，在数字平台帮助下，党委和政府能够更加便捷、快速、准确地听到人民声音，人民群众也能够高效、便捷地提出自己的意见和想法。

群众通过扫码向人大代表反映情况

数字亲民，民主监督"一图纵览"。老百姓参与的通道越畅通，参与的热情也就更高。随着数字回溯体系、数据共享机制以及数字化监督平台的建立，民主监督的数字化升级也就水到渠成了。2023年，我们密切关注172个重大政府投资项目的建设情况，每一个环节进度如何，用了多少资金，在系统中一目了然。如今，每位人大代表在查看南湖区政府的"钱袋子"时，都不会出现"外行看不懂，内行看不清"的情况。"翻账本查账单"成了过去式，联网后清清楚楚地看到政府部门的每一项支出明细，这才是最好的民主监督。"南湖区今年的经济发展形势怎么样？""有什么好的项目引进来？""南湖区的财政税收情况怎么样？""共同富裕示范区建设的进度情况如何？"面对人大代表的关注，我们通过财经联网监督系统可以作出数字化、智能化、可视化的展示，我和其他代表也经常结合自身工作和履职经验，提出针对性的意见建议。人大代表只要手指动一动、键盘敲一敲，随时随地就可以对政府收支、项目建设、经济运行等情况开展监督。截至目前，区人大代表提出的500多条意见建议全部通过财经联网监督系统得到了闭环落实。

数字惠民，民生实事"开花结果"。在我们国家，民主是全过程人民民主，是全链条、全方位、全覆盖的民主，是最广泛、最真实、最管用的社会主义民主。所以，数字技术不但是优化全过程人民民主的手段，还是更全面高效地落实人民当家作主各项权利的"智慧"通道。现在由我们南湖区创新建立的人大代表"季记相约"回选区联系选民群众机制，通过南湖数字人大平台的代表使用端，可以在民情民意功能中进行实时上传。借助数字互动屏，公开亮晒办理进度，方便代表和群众实时监督，作为人大代表，我也经常参加"季记相约"活动。区委高度重视通过人大数字化平台广泛听取意见，切实推动民意、民智转化为区委决策的参考依据。经过一年多的探索实践，"季记相约"常态运行，代表与选民群众的联系更加密切。2023年，南湖区人大代表和群众通过参加4次"季记相约"活动，反映问题建议1000余件，答复率100%，解决率超过85%。

"致广大而尽精微，极高明而道中庸"，在解决一批又一批发展所需、改革所急、基层所盼、民心所向的问题的过程中，数字赋能给践行全过程人民民主插上了智慧的"翅膀"，在共建共治共享的道路上一路向前。

第七章

再读虹桥

共建共治，做有幸福感、安全感的民主

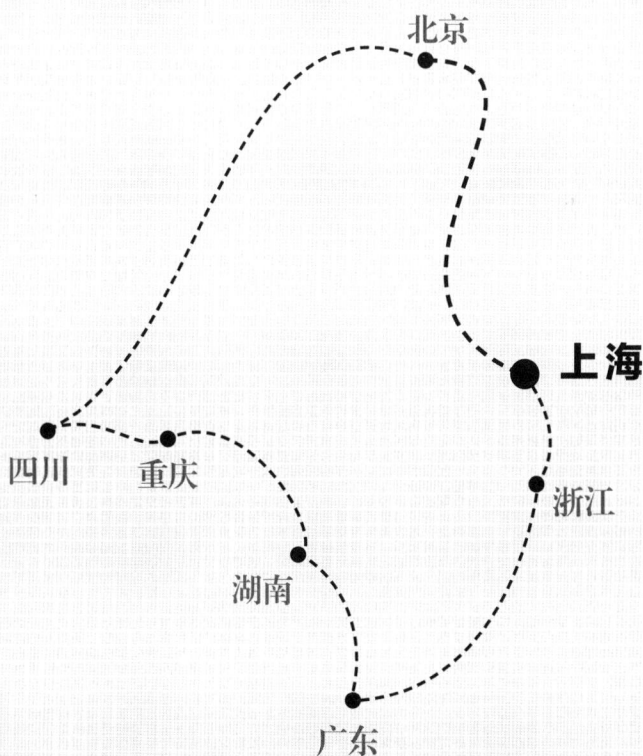

北京

上海

四川　重庆

浙江

湖南

广东

上海五角场：相邻小区共建共治

　　人们去上海，会去复旦大学、上海财经大学等高校，这些大学所在的地方就是五角场。这个地区是上海的城市副中心之一，也是一个商业区，吸引了来自各个国家、各个地方的企业家。这个地方还是老工业区，有许多退休老工人和工人家属在这里居住。后来，又来了许多新面孔、新市民。新老上海人在这里碰到许多麻烦事——虽然是相邻小区里的邻居，但是有许多生活上的摩擦，怎么解决这些人民群众内部的矛盾问题？五角场街道做了探索，通过民主方式解决邻里之间的麻烦事。这是他们创造的好经验。

一扇"睦邻门"，共治"新答卷"

上海市杨浦区五角场街道党工委书记、人大工委主任　周灵

　　五角场街道是上海的城市副中心，和大家熟悉的徐家汇连成对角线。作为上海的十大商圈之一，连续三年在上海的人气指数为 TOP1。商圈每天的流动人口约有 35 万，在小小的 7.66 平方公里，有 8 所高校、8 个国家级科技园和 6800 余家企事业单位。复旦、同济、上财都在辖区和周边。在繁华商圈、高楼林立的背后，辖区还有 149 个小区，其中七成以上是 20 世纪的老旧公房。因为杨浦本身是传统老工业区，所以，这里既是退休工人"扎堆地"，也是新白领"聚居区"；既有大量"老土著"，也有众多"新市民"。可以说，五角场是一个人群结构复杂、层次分类多元的大型综合社区。

　　习近平总书记在 2019 年 11 月考察上海时，首次提出

全过程人民民主的重要理念，这为我们在新形势下开展基层治理指明了方向。

在具体实践中，我们更多的是要兼顾群体的复杂性和多元性，有一个非常典型的例子，就是社区内一堵围墙隔开新旧小区，公共资源无法共享，其实这是很多大城市的写照。

一堵墙，居民需要绕行半小时。有的人想开门，但有的人反对。

想开门的原因是：老小区的配套更有烟火气，有菜场、学校、卫生点；新小区的配套更现代，有地铁、咖啡、步行街。两边的配套互为补充，大家都彼此需要。

反对的原因也很多。如，新小区有位李阿姨对我们讲："老小区居民如果在这儿乱遛狗、乱停车可咋办？一旦开了，这扇门可就关不了了。"老小区的居民也有反对声音，

上海市五角场街道引导小区居民，通过"破心墙""开心门"，打开了一扇融合共享的"睦邻门"

居民刘先生家离这里最近，一开始是开门的坚定反对者。
"开门吵闹、人员又杂，安全都没有保障，共享单车会不
会乱停？会不会有很多外来人员乱入？"他耐不住性子，
跑来街道反映。

有民意基础，但也有分歧顾虑，街道工委在中间左
右为难。对提高居民生活质量有利的事，再难也要做，但
是不能硬来，而要商量着来。敲开一扇门，我们花了两年
半的时间，没有强制，而是共治，虽然慢了点，但结果是
好的。具体怎么做？我们选择从基层党组织着手，找准牵
头人。首先将两个居民区的书记对调。原先，其中一个居
民区创智坊的书记陈文芳也不主张破墙，担心小区井井有
条的秩序被打乱。调到对面小区后，换位思考让她体会到
了街道"换岗"的良苦用心。两位居民区书记便一起商量
"破冰行动"，共同撮合两边居民一起包饺子、包粽子，随
着活动热闹起来，以往陌生的居民们也慢慢地熟络了。

熟悉是第一步，但一回归正题，他们还是互不相让，
争来扯去。我们没有阻止争论，而是搭建起"百脑汇"议
事堂，固定时间、会议室，让他们去吵、去争。随着时间
的推移，两边的居民逐渐"吵化了坚冰""吵出了感情"，
从要不要开门，到如何开门、怎样开门，在不知不觉中达
成了思想的统一。思想统一是前提，具体聊到怎么开门、

方案怎么设计，又陷入了争执。在上海，讲究的是专业精神，老百姓比较听专家的，到了民主决策阶段，我们杨浦创立的"三师三顾问"制度就派上了用场。来自同济等高校的专业规划团队时不时组织面向500名群众的大型互动日活动，详细讲解社区规划，让专家牵头居民做决策，寻求最大公约数，其实核心是民主集中制。在这个过程中，有很多热心居民、意见领袖也成为了"编外设计师"，由他们全过程参与方案设计，真正做到群众的事情群众自己说了算。最终这扇门顺利打开，邻居们共同为它起名"睦邻门"。

通过"睦邻门"的案例，我们更加认识到在基层社会治理中践行全过程人民民主的重要意义。居民不应是单向服务的接受者和旁观者，而应该是共建者、参与者。只有这样，基层社会治理才能迸发出更大的活力。

上海仙霞新村：环境治理居民说了算

　　随着人民生活水平的提高，居民对环境的要求也越来越高。有些老城市的老街道存在"脏乱差"的现象。怎么把这样的地方改造成美丽的花园？这个问题似乎很好解决，但实际做起来却非常困难，因为涉及千家万户生活、居住的需求。在上海市的仙霞新村街道，他们通过基层民主"有事来商量"，把"脏乱差"的地方改造成一个"生境花园"。我们去看看他们是怎么做的。

全过程人民民主让"生境花园"一路生花

上海市长宁区仙霞新村街道虹旭居民区党总支书记　吴红萍

　　虹旭二小区西南角有一块空地，在 2019 年以前完全是闲置的卫生死角，路面凹凸不平，生活垃圾、建筑垃圾随意堆放，还有停得七歪八扭的小轿车。如今，这里是保护生物多样性的花园，不仅路面得到了修缮，还增添了花香和绿荫。

　　今年是我在虹旭工作的第十个年头。十年来，我参与并见证了全过程人民民主重大理念在社区治理上迸发出的巨大能量，让虹旭实现了公共空间由"脏乱差"到"小美好"、居民评价由"不灵光"到"老嗲呃"（美好、舒心）的华丽蝶变。

改造前

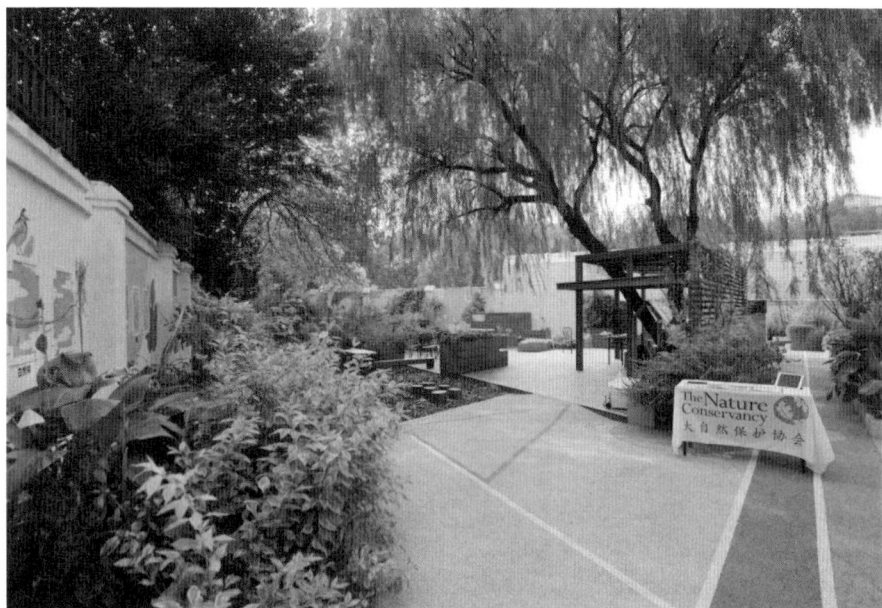

改造后

我在广告公司工作了 15 年后，机缘巧合成为一名居民区书记。比起在企业工作，我感觉为群众提供服务更能体现自己的人生价值。在担任居民区书记的日子里，令我印象极为深刻又有成就感的，是全过程人民民主在虹旭居民区公共空间环境治理方面的鲜活实践。

何为"生境花园"？就是具有栖息地功能，能为野生动物提供食源、水源和庇护所等生存环境空间，同时又具备花园属性，具有观赏、休憩和户外休闲等功能的空间。

我所在的虹旭居民区位于上海市长宁区仙霞新村街道，由五个自然小区组成，其中包括售后公房、商品房等多种类型，共有居民 1287 户，实有人口近 3000 人。虹旭和多数老旧社区一样，存在着很多老旧社区共性的难点痛点问题，其中居民意见最大的问题之一便是公共空间"脏乱差"。

老旧公房社区大都有一个通病，那就是没有整块的、比较舒适的公共休憩空间，"边角料"地块很容易成为卫生死角。如何才能改变这种情况？

我们在走访时发现，居民也想改变这种现状，但却很难形成统一意见。"书记，我们就用作停车吧。""不行，我们不想楼下就是停车场。""那就放几个健身器材健身。""不行，人都过来了，吵都吵死了。"……提议有很多，但不同的意见更多。

如何才能尽善尽美让居民们都满意？为了彻底解决这个难题，我们邀请了社会组织、专家、区人大代表和社区居民代表一起头脑风暴。最终，在这里建一个具有生物多样性保护功能的花园的建议获得了大多数居民的认可。但有的居民又开始担心："在这儿建花园，把小鸟都引来了，我衣服怎么晒？那么多鸟粪脏死了，不行不行！"说真的，别说居民担心，我也担心。

于是，我们邀请了大自然保护协会的专家，专家经过多番调研和实地考察后给出了答案。"你们放心，等花园建好了，小鸟有自己的地方了，就不会来打扰咱们人类。这位阿姨担心的鸟粪问题也很好解决。咱们把一些反光的彩带系在晒衣杆上，两个星期以后，小鸟肯定就不来了。""真的吗？如果两个星期真的小鸟不再来了，我就同意你造这个小花园！"两个星期后，阿姨很兴奋地来说："书记，小鸟真的不来了，专家就是专家，我举双手同意建小花园！"很快，这个故事在小区传播开了，我们的生境花园就这样在居民共同的努力下建起来了。

建成后的四年来，生境花园一直受到居民的喜爱，老人孩子在花园里学习种植，享受亲近自然的天伦之乐；收获的蔬菜再由孩子们为独居老人送上家门，让孝亲文化在社区里传承；居民今天还在投诉小松鼠偷吃阳台上的咸肉，明天就买了很多干果放在阳台上给小松鼠吃，还拍了视频发朋友圈；92 岁的阿婆学着小鸟喝水的样子……原来人和自然真的能做到和谐共生。2020 年 5 月，虹旭生境花园作为优秀案例受到国务院的通报表扬，生境花园做法在上海市得到了推广。2023 年，我们在居民的建议和支持下，打开了第二堵墙，升级打造了生境花园的 2.0 版。

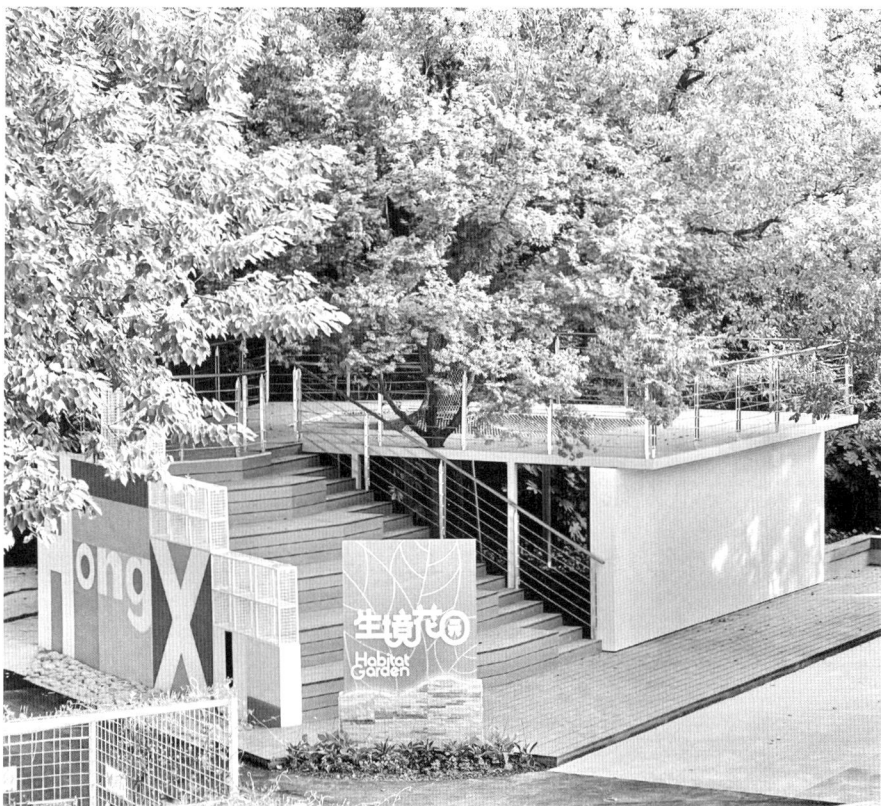

虹旭小区升级打造的生境花园 2.0 版

就这样，在硬件条件受限的情况下，虹旭社区一直致力于挖掘"边角料"，逐步打造了同心微园、桂香文园、蔬香菜园等绿色空间，把"消极空间"变成了"金边银角"。

自然康养的生境花园建设过程体现了人人参与、人人享有的民主理念。为了更好地维护"自己的花园"，在居民区党总支的倡导下，居民们主动参与，成立了17支小蚂蚁志愿服务队，队员共计200余人，并建立了"小蚂蚁志愿服务站"，现在生境花园常态长效管理依靠的都是这些"蚂蚁雄兵"，他们把生境花园打理得井井有条、风景如画。

助推虹旭居民区公共区域"边角料"破茧成蝶的每个项目、每次尝试、每次探索，都得益于居民力量、专业力量与社会力量的一路相伴。虹旭居民区将持续践行全过程人民民主重大理念，努力回应民生关切，积极激发社区活力，以共建为根本动力，以共治为重要方式，以共享为最终目的，努力打造中国式现代化在社区治理中的鲜活样本。

结束语

全过程人民民主就是人民当家作主

各位朋友们，我已经带大家到中国的东、西、南、北、中各个地方去看了中国的民主。中国的民主是全过程人民民主，大家看了有什么感觉？

何为全过程人民民主？就是说我们对中国人民当家作主有制度的设计，如人民代表大会制度、中国共产党领导的多党合作和政治协商制度、民族区域自治制度，还有基层群众自治制度。各方面群众都能够通过这些渠道参与民主，发挥自己当家作主的权利，发挥用民主来解决问题的力量。所以，中国的民主不是一个只有选举时有民主，选举之后就没有了，就进入一个休眠期的"民主"，也不是一个仅在决策的时候可以提意见的"民主"，而是在民主选举、民主协商、民主决策、民主管理、民主监督等各环节都实现了人民群众当家作主，这才是中国的民主。这个民主最大特点就是有事好商量，众人的事众人商量，得到最大共识。在中国，这就是协商民主，这是一个商量民主。因为中国的民主有它自己的特点，它最大的优点就是使得中国14亿多人民群众都能享受到宪法和法律赋予的民主权利。

我说的对不对？也请大家想想吧！

后 记

当大家读完这本书，自然会感觉到，这是一部从内容到形式都有所创新的新书。特别是，让中国东、南、西、北、中的基层工作者，以参与者、亲历者的身份来讲述中国的民主故事，讲述中国的全过程人民民主，乃是中国国家创新与发展战略研究会创始会长郑必坚的倡议。我和我的同事，都是这一倡议的执行者、实施者。

这本书，是"读懂中国"丛书的一本新书。"读懂中国"事业，已经经历了十个春秋。这一事业，从一开始就得到习近平总书记的亲切关怀和有力指导。十年间，我们成功举办了七届"读懂中国"国际会议。习近平总书记三次会见与会外国嘉宾并发表重要讲话，一次发表视频开幕致辞，四次发来贺信。2023 年"读懂中国"国际会议召开之际，他在发给会议的贺信中鲜明地指出："读懂中国，关键要读懂中国式现代化。"我们深感，这封贺信意义非常重大，贺信提出的这一要求不仅为我们进一步做好"读懂中国"事业指出了明确的方向，而且也为党和国家事业的发展指出了明确的方向。不久，他就在中央经济工作会议上提出："必须坚持把推进中国式现代化作为最大的政治。"在今年筹备中共二十届三中全会的过程中，他还明确指出："进一步全面深化改革，要紧扣中国式现代化这个主题。"这次三中全会审议通过的文件，题目就是《中共中央关于进一步全面深化改革、推进中国式现代化的决定》。

"进一步全面深化改革，推进中国式现代化"，包括方方面面的战略任务，其中就包括了发展全过程人民民主这一重大任务。读者面前的这本新书《跟我去看中国民主》，不仅汇集了这两年中国国家创新与发展战略研究会在中国式民主的调研和办会过程中积累的资料，而且向世界展现了中国全过程人民民主的实践和经验。我按照郑必坚老会长的要求，主持了全过程人民民主实例的采集和调研工作，还亲自主持了两次国际会议。在这本新书里，我从"主持人"转身为"导游"，带着读者一起去聆听我们的基层工作者讲述他们所亲历的民主故事。当然，这对于我来说，也是一次深刻的学习和教育。需要指出的是，"导游"

是我，又不是我一个人，在我的身后忙忙碌碌的，包括同基层联系的、拍摄视频的、修改文稿的，有孙任鹏、李龙、李冠男、于昕航以及李羽鑫。我们在郑必坚老会长的领导下，同心协力，做成了这件事，都非常开心。

最后，还要说的是，外文出版社的文芳、蔡莉莉等十分赞成我们的这次创新探索，并为此作出了创造性的努力（比如在图书里加上二维码）。我们相信，读者会和我们一样十分感谢他们。

李君如

2024 年 7 月 3 日

图书在版编目（CIP）数据

跟我去看中国民主 / 郑必坚主编 . -- 北京 ：外文
出版社，2024. 11. --（读懂中国）. -- ISBN 978-7
-119-14073-5

Ⅰ. D621

中国国家版本馆 CIP 数据核字第 2024PA9210 号

出版策划：中国国家创新与发展战略研究会
出版指导：陆彩荣
出版统筹：胡开敏　文　芳

责任编辑：蔡莉莉　李　香
特约编辑：孙任鹏　祝晓涵
封面设计：柏拉图创意机构
内文设计：一瓢文化·邱特聪
印刷监制：秦　蒙　王　争
（本书图片除文中已署名外，其余均为作者方提供）

跟我去看中国民主

郑必坚　主编

© 2024 外文出版社有限责任公司
出 版 人：胡开敏
出版发行：外文出版社有限责任公司

地　　址：中国北京西城区百万庄大街 24 号	邮政编码：100037	
网　　址：http://www.flp.com.cn	电子邮箱：flp@cipg.org.cn	
电　　话：008610-68320579（总编室）	008610-68995875（编辑部）	
008610-68995852（发行部）	008610-68996185（投稿电话）	
印　　刷：北京盛通印刷股份有限公司		
经　　销：新华书店 / 外文书店		
开　　本：700mm×1000mm　1/16	印　　张：10.25　字　　数：100 千字	
版　　次：2024 年 10 月第 1 版第 1 次印刷		
书　　号：ISBN 978-7-119-14073-5		
定　　价：48.00 元		